MI DIETA COJEA

Divulgación

Aitor Sánchez García

MI DIETA COJEA

*Los mitos sobre nutrición
que te han hecho creer*

PAIDÓS

Barcelona
Buenos Aires
México

Nota importante: este libro quiere ser un medio de divulgación de consejos para mejorar su salud; los datos que en él figuran son aproximados y se comunican con buena fe, pero no es un manual de medicina ni pretende sustituir ningún tratamiento que le haya prescrito su médico; además, si hay un cambio importante en la dieta y/o en las rutinas de actividad física, puede ser necesario ajustar la medicación de algunas personas con colesterol elevado, tensión arterial alta o diabetes, entre otras patologías, por lo que siempre deberá comunicar dichos cambios al profesional sanitario que lo esté tratando.

1ª edición, septiembre 2016
8ª impresión, septiembre 2017

© Aitor Sánchez García, 2016
© de todas las ediciones en castellano,
Espasa Libros, S. L. U., 2017
Avda. Diagonal, 662-664. 08034 Barcelona, España
Paidós es un sello editorial de Espasa Libros, S. L. U.
www.paidos.com
www.planetadelibros.com

ISBN: 978-84-493-3245-6
Depósito legal: B. 14.105-2016

Impresión y encuadernación: Huertas Industrias Gráficas, S. A.

El papel utilizado para la impresión de este libro es cien por cien libre de cloro y está calificado como papel ecológico.

Impreso en España – *Printed in Spain*

Para Adolfo,
de un hermano orgulloso que a veces
no saca tiempo para llamar a casa

Sumario

Agradecimientos

A mi madre por haberme dejado y dado libertad sin reglas ni peros.

A mis tíos por dejar de ser tíos para ser padres.

A mi abuela por malalimentarme aunque ella no lo sabía.

A mi abuelo por ser ejemplo de vida.

A Alicia, por cuidarme y quererme como nadie.

A EGTCC, por enseñarme que la amistad no entiende de distancias.

A Barranda y Campoamor, por recibirme siempre como en casa.

A mis Sanvis, por enseñarme que la amistad no entiende de pausas.

A mi Grupo Scout, por ser la familia que se elige.

A mis *scouters*, por llenarme con la educación no formal.

A mi Kraal, porque el voluntariado es apasionante con ellos.

A mi Equipo Scout, por acompañarme en la locura de cambiar el Escultismo.

A mis Nutris Indignadas, por ser la luz en la Edad Media.

A Ana y Almu, por presenciar y apoyar el nacimiento del blog.

A Dani e Iñaki, por sus enseñanzas de hombres treintañeros.

A Lucía y Bárbara, por atreverse a soñar Centro Aleris conmigo.

A Nutrifrikis, por sembrar amistad en la profesión.

A #SanidadDesnutrida, por luchar donde y cuando hacía falta.

A Dietética Sin Patrocinadores, por mostrar el camino a seguir.

Al equipo de «Esto me suena» por darle voz a la nutrición en RNE.

A los buenos docentes que he tenido, por inspirarme.

A los *malcentes* que he sufrido, por enseñarme qué no debo hacer.

A los buenos divulgadores científicos de este país por su ejemplo.

A la parte de mi profesión que me hace estar orgulloso de ella.

Y en definitiva, a quien me ha querido y me ha apoyado mientras crecía.

Un agradecimiento también particular pero obligado a un movimiento y a una corriente que ha iluminado durante el último lustro el mundo de la Nutrición y la Dietética en la Red. Cada tuit, cada mensaje, cada denuncia, cada crítica, cada nuevo descubrimiento ha hecho más grande y rigurosa a la disciplina y la profesión. Gracias a todas esas personas que han contribuido sin saberlo a crear este libro apoyando este nuevo camino que permite conectar a los profesionales con la gente, pero sobre todo por aprender juntos.

Este libro es tan solo un mosaico de muchas contribuciones. Todas ellas plasmadas con las palabras de este dietista-nutricionista que un día se sumó a contarlas.

La nutrición ha evolucionado mucho en internet, pero había que traer los posts y los links al método más clásico de divulgación.

Prólogo

Guerra a la desinformación

Hay personas que se asombran de lo mal que comemos. Yo me asombro de que queden personas que coman bien, dada la confusión reinante en los asuntos relacionados con la alimentación en los sobreinformados a la par que desinformados principios del siglo XXI.

Los mensajes nutricionales, groseramente simplificados, se multiplican en unos medios de comunicación más preocupados por el impacto que por la difusión de la verdad: la mantequilla puede obturarte las arterias un día, y al siguiente, ser buena para el corazón, alargarte la vida e incluso ayudarte a encontrar novio en Tinder. Pocos ponen en cuestión los lugares comunes y fundamentan sus afirmaciones con datos reales, dando coba a las tendencias alimentarias más lerdas. Fuera de los medios convencionales, ciertos gurús e iluminados propagan desde webs «alternativas» estrambóticos bulos relacionados con la comida, que después viajan de muro en muro en las redes sociales sin que casi nadie los cuestione.

Buena parte de la gran industria alimentaria promueve activamente la oscuridad en su propio beneficio. Unos ocultan los perjuicios de sus elaboraciones promoviendo pintorescos estudios que prueban cosas loquísimas como que la cerveza y el vino rejuvenecen (de la toxicidad del alcohol ya hablamos otro día) o que el chocolate es la vía para alcanzar la felicidad (está comprobado que si te inflas como un zepelín por abusar de él, te sube la autoestima). Otros etiquetan su mercancía con reclamos saludables engañosos, cuando no les ponen adjetivos directamente absurdos como «natural» o «casero». La guinda del pastel la pone el ataque publicitario por tierra, mar y aire del negocio del adelgazamiento, con sus elixires milagrosos y sus dietas descerebradas.

No envidio a los dietistas-nutricionistas serios: ante semejante panorama, tienen un trabajón comparable con el de enseñar álgebra a personas que no saben contar, y a las que se les está diciendo cada día que 2 y 2 son 5. No les envidio, pero sí les admiro, sobre todo a los que no venden su alma a ningún patrocinador y se esfuerzan por denunciar malas prácticas y divulgar las bases de una alimentación razonable. Aitor Sánchez García pertenece a esta categoría, y por eso he acudido a él repetidas veces en mi trabajo como periodista. Su blog, «Mi dieta cojea», es una referencia, y que publique un libro como este, la mejor noticia para los que estamos en guerra contra la desinformación.

Con paciencia de santo Job y didactismo de maestro republicano, Sánchez desmonta en su obra algunas de las mentiras que se han instalado en las mentes de la mayoría tras años de caos comunicativo. ¿Cuántas veces hemos oído decir que hay que tomar menos grasa, que el desayuno es la comida más importante del día, que los hidratos de carbono engordan si los tomas para cenar, o que no hay alimentos buenos o malos? Pues bien, ninguna de estas afirmaciones tiene fundamentos reales comprobados, por mucho que las oigas en la tele o que tu cuñado las proclame en la cena de Navidad.

Sánchez utiliza dos armas que, combinadas, resultan de lo más eficaz a la hora de combatir las falacias: por un lado, el conocimiento, y por otro, un lenguaje tan sencillo como ameno. Sin abrumar con datos ni ponerse plasta, consigue poner orden en el caos de tu cabeza e inmunizarte contra los mensajes interesados con los que se nos bombardea a diario. Si no quieres vivir medio intoxicado por la mala información, te recomendaría que leyeras este libro. Me apostaría algo a que, si actúas en consecuencia con lo que dice, acabarás formando parte del asombroso grupo de personas bien informadas que aún come bien.

MIKEL LÓPEZ ITURRIAGA, *el Comidista*

Introducción

Todos hablamos de alimentación. Y lo hacemos porque es un universo cotidiano, presente en nuestras vidas día tras día.

En ocasiones, esto nos hace creer erróneamente que podemos sacar conclusiones que valen también para otras personas. Resulta normal que el ensayo-error y el «amimefuncionismo» proliferen en una acción que has estado haciendo varias veces al día durante toda tu vida.

A esto hay que sumarle que gran parte de nuestra cultura gira alrededor de la comida. Nos contamos problemas con una merienda de por medio, hacemos negocios con un menú del día enfrente, las cenas son lugares de encuentro para familiares y amigos. Los cafés y los tés, una simple excusa para verse.

Más allá del aspecto cultural, durante los últimos años ha adquirido especial importancia la influencia que tiene la alimentación en nuestro estado de salud. Es, sin duda, la rutina diaria que más peso tiene en nuestro bienestar físico.

Estamos, por tanto, muy concienciados de que la alimentación afecta e influye en nuestro organismo, pero dudamos verdaderamente de cómo. Los medios escupen información con más ruido que rigor, la gente repite y reproduce recomendaciones que algún sanitario o gurú le ha dicho para curar o mejorar sus dolencias..., pero el rigor es una excepción que muy pocas veces está invitado a la mesa.

A lo largo de este libro repasaremos cuestiones repetidas hasta la saciedad en nuestro entorno, en nuestros círculos más cercanos, en esas cenas familiares donde el cuñado sienta cátedra porque ha leído algo en una revista.

El propio índice de este libro es una colección ya no solo de mitos, también de dudas, negocios poco éticos y debates científicos que a día de hoy todavía levantan ampollas.

Mentiras que se han repetido tantas veces que un día se hicieron realidad.

Mito 1

«Hay que tomar menos grasa»

Resulta verdaderamente complicado explicar en nuestro entorno que las grasas no solo no engordan, sino que evitarlas podría llegar a ser contraproducente si queremos adelgazar.

Esto se debe a que esta es una creencia tremendamente arraigada en nuestra sociedad. La frase «Las grasas son perjudiciales» se ha repetido hasta la saciedad, creando una asociación que ha calado hondo en muchas generaciones. Cuando una mentira se repite cien veces se convierte en una verdad.

Siendo comprensivos, hay que tener en cuenta que esta creencia es fácil de encajar debido a que en nuestro día a día vemos a muchas personas con exceso de grasa corporal. Los motivos podrían parecernos lógicos en principio: comer grasa debe ser lo mismo que almacenar grasa.

Esta relación sería incluso más exacerbada en el mundo anglosajón, donde los términos «grasa» y «gordo» se expresa con la misma palabra: *fat*.

Un angloparlante podría asumir con toda lógica que *«Fat makes you fat»*, es decir, que la grasa te hace engordar. Pero en nuestro organismo las explicaciones no son tan sencillas como parecen.

¿CÓMO Y POR QUÉ ALMACENAMOS GRASA?

Nuestro cuerpo almacena energía en forma de grasa cuando hacemos una ingesta excesiva. Es una manera de guardar reservas para el futuro y, por tanto, cumple el objetivo de supervivencia a largo plazo. No podemos almacenar tanta cantidad de energía de otra forma. Mientras que nuestra capacidad de guardar glucosa en forma de glucógeno es más limitada, parece ser que la de grasa es prácticamente infinita.

Este proceso de almacenamiento de energía, que en otros tiempos era un proceso de seguridad y supervivencia que buscaba abastecer nuestra «despensa» corporal, se ha convertido en los siglos xx y xxi en un arma de doble filo, ya que el exceso de reservas de grasa ha dejado de ser una ventaja, y es a día de hoy un factor de riesgo que da lugar a numerosas muertes por enfermedades cardiovasculares, metabólicas y cánceres relacionados.

Un paso imprescindible para desmitificar la idea de que la grasa engorda es entender que nuestro cuerpo no fabrica grasa únicamente a partir de grasa dietética, sino que también lo puede hacer a través de otros nutrientes energéticos, por lo que, si nos pasamos en nuestra dieta, también transformaremos grasa a partir del exceso energético al que contribuyen tanto los hidratos de carbono como las proteínas.

¿POR QUÉ SE HA RECOMENDADO REDUCIR LA CANTIDAD DE GRASA EN LAS DIETAS DE ADELGAZAMIENTO?

Una de las cosas que puso a la grasa en el punto de mira es su gran aporte calórico. Mientras que la proteína y los hidratos de carbono nos proporcionan 4 kcal/g, las grasas y los aceites son mucho más energéticos, llegando a aportar

9 kcal/g. Estamos hablando de más del doble respecto a los otros macronutrientes que proporcionan energía, motivo que las convirtió en sospechosas y las puso en el punto de mira.

Los enfoques dietéticos antiguos se centraron en reducir las kilocalorías de la dieta como estrategia para adelgazar. En este escenario, lo fácil e injusto era meterse con el nutriente que más kilocalorías aportaba en la dieta. Esa tendencia llevó a criminalizar la grasa y a considerar su reducción un objetivo primordial a la hora de adelgazar.

Esta idea es tan descabellada y simplista como culpar a un portero de fútbol de la derrota, únicamente por ser el jugador que recibe los goles. La nutrición es un proceso en equipo, por lo que hay que considerar la contribución de todos los jugadores.

Desgraciadamente, durante esta época no se tuvieron en cuenta otros aspectos que determinan cómo se desarrolla este «partido». Hoy en día, hemos empezado a considerar más factores de nuestra dieta, yendo más allá de los nutrientes que tienen, como es la capacidad saciante de los alimentos o el placer que nos proporcionan, lo que favorece la adherencia y contribuye a que seguir esa pauta sea mucho más agradable.

La recomendación de evitar las grasas produjo que la gente empezara a optar por dietas bajas en lípidos, muy difíciles de mantener, porque por un lado eran poco saciantes (llenaban poco y la gente sentía hambre) y por el otro eran dietas poco sabrosas y agradecidas, lo que hacía muy difícil seguirlas en el tiempo.

Hoy sabemos que estos dos factores, saciedad y adherencia, son cruciales a la hora de afrontar cualquier tipo de cambio dietético. Este nuevo enfoque debe tenerse en cuenta, pues no se trata de recomendar planes dietéticos con fecha de caducidad, sino de conseguir cambios que se mantengan de por vida.

¿Es de verdad una buena idea seguir una dieta baja en grasa para adelgazar?

Tras años de avance en nutrición, por fin hemos podido acumular muchos más datos sobre los efectos de distintos tipos de dietas, y vemos que las bajas en grasa son una mala opción para perder peso. Cuando se comparan dietas equivalentes en kilocalorías pero con distintos macronutrientes, las que obtienen peores resultados son las dietas bajas en grasa frente a las bajas en hidratos de carbono o la mediterránea.

Pero ya no solo eso; tampoco parecen ser una buena idea para mejorar marcadores cardiovasculares como el colesterol o los triglicéridos (de dudosa conveniencia, como veremos más adelante). Se trata de un enfoque que comparten otros estudios que defienden que este cambio se consigue a base de mejorar la calidad de la grasa que comemos, no reduciendo la cantidad ingerida.

Estos resultados son una muestra de que, ante igual número de calorías en la dieta, no es una buena idea que la dieta sea baja en grasas.

Se puede llevar una dieta tanto moderada como alta en grasas; el hecho de que sea saludable o no, dependerá de la calidad concreta de sus alimentos.

¿Cuál fue la consecuencia de evitar las grasas?

Una criminalización injusta de ciertos alimentos saludables y un cambio en la oferta de nuestros supermercados.

Ciertos alimentos fueron criticados duramente y se acompañaron de estrategias para reducir el consumo de grasa total. Aún a día de hoy se oyen a pie de calle sentencias como: «Si apenas le echo aceite a la ensalada», «Me lo preparo todo a la plancha, sin aceite» o «Yo como sano, apenas tomo grasas».

La consecuencia a nivel comercial fue la imposición de un *boom* que toda persona mayor de veinticinco años recordará: la moda del «bajo en grasa».

Con el fin de complacer a la población con su nueva inquietud y seguir las tendencias de mercado, la industria alimentaria ofreció una gama de productos bajos en grasa, lo que se conoce como la era *low fat*.

Desgraciadamente, muchos de estos alimentos desprovistos de grasa no eran saludables: bien porque eran poco saciantes, bien porque habían perdido parte de su capacidad nutritiva o incluso porque contenían en su composición una gran cantidad de azúcar, utilizado para sustituir la grasa y dar sabor al producto.

Cambiar grasa por azúcar puede ser un movimiento inteligente de la industria a la hora de reducir kilocalorías, pero desgraciadamente es una sustitución que tiene un impacto en nuestra salud mayor que el que cabría esperar.

Por todo ello, la recomendación de reducir la grasa en la dieta sin matizar mucho más parece ser que contribuyó sin pretenderlo a empeorar el problema del sobrepeso mundial durante los años noventa y principios del siglo xxi.

Las personas no solo creían que estaban haciendo lo correcto, sino que además llegaban a subestimar la cantidad de kilocalorías que tenían esos productos «sin grasa». A día de hoy, sabemos que los etiquetados bajos en grasa, así como los *light*, predisponen a comer más durante el día.

¿Qué alimentos son los que habría que haber desaconsejado en su lugar?

Aquellos que no cumplen las características propias de un alimento saludable, sin centrarnos en cuántas kilocalorías o gramos exactos de hidratos, proteínas o grasas tienen.

Los alimentos que, de forma más clara, se asocian con el sobrepeso son:

—Aquellos con alta densidad energética (muchas kilocalorías por unidad de peso).
—Los poco saciantes.
—Los que tienen pocos nutrientes asociados.
—Aquellos que carecen de fibra o proteína en su estructura.

Como se puede observar, no se hace referencia al contenido concreto de ningún nutriente ni a una cantidad específica, sino más bien a un perfil general a evitar que podríamos resumir como:

Alimentos concentrados que nos den mucha energía, pero a la vez pocos nutrientes de interés fisiológico.

Por poner cara a los culpables, hablamos de los dulces, de la bollería, de los refrescos, del alcohol, de los derivados refinados...; estos son los alimentos que deberíamos reducir al máximo en nuestra dieta.

Recuperar los alimentos ricos en grasa y saludables

Si un alimento es rico en grasa, y por tanto tiene un alto contenido calórico, pero posee otras características nutricionales interesantes, será conveniente incorporarlo a la dieta. Productos como el aceite de oliva virgen extra, el aguacate, los frutos secos, el huevo o el pescado azul son alimentos con un contenido alto en grasa de perfil saludable, y lo más importante: su consumo se asocia a la prevención y el tratamiento de diferentes patologías, por lo que nada tienen que ver con las calorías vacías de los ultraprocesados.

La grasa, acompañada de otras sustancias como la proteína o la fibra, y junto con acciones como masticar adecuadamente, contribuye a saciarnos. Es uno de los motivos por los cuales alimentos saludables, como los citados anteriormente, tienen un aporte importante de grasa, pero no se relacionan con el sobrepeso ni con otras enfermedades, sino que las previenen.

En una dieta que sea baja en grasas, este efecto saciante es difícil de apreciar, lo que se puede notar con los lácteos desnatados, que sacian menos que sus versiones enteras.

No parece, por tanto, que sea una buena estrategia reducir unas pocas kilocalorías con estas versiones sin grasa, ya que al cabo de unas horas tendremos más hambre y acabaremos comiendo más: al final, el tiro sale por la culata.

PEDIR PERDÓN, UN APRENDIZAJE PARA EL FUTURO

A día de hoy podemos decir que las grasas no se merecían el mal trato recibido en los ochenta y noventa. Actualmente, el consumo de azúcar añadido y el abuso de alimentos ultraprocesados constituyen la verdadera amenaza para la obesidad y, por tanto, la prioridad a combatir desde la salud pública.

Hay que tener mucho cuidado antes de demonizar un alimento o un nutriente, no solo porque no debemos hacer esto a la ligera, sino porque desconocemos las consecuencias de este escarnio público. En el caso de las grasas condujo a un doble error. Por un lado, se dejaron de consumir alimentos que no era necesario reducir y, por otro, se fomentó indirectamente una colección de opciones «sin grasa» que no son precisamente saludables.

Una de las sentencias del informe británico «Eat Fat, Cut The Carbs and Avoid Snacking To Reverse Obesity and Type 2 Diabetes» es bastante concluyente al respecto:

La decisión de reducir la grasa de la dieta ha sido uno de los mayores errores de la historia médica moderna, con terribles consecuencias.

Mito 2

«Para adelgazar basta con tomar menos kilocalorías»

«La vida no está hecha para contar calorías», dice un anuncio televisivo de un producto alimentario que precisamente se promociona como *light*. Aquellos que nos invitan a olvidarnos de la cantidad de energía de los alimentos, curiosamente se enorgullecen del bajo aporte energético de los suyos. ¿En qué quedamos?

Estos alimentos en cuestión suelen incluir jarabe de glucosa, almidón modificado, y la mayor parte de su composición es simplemente agua. Parece ser que, en la cruzada contra las kilocalorías, el hecho de que la mayor parte de un producto sea agua es algo a destacar.

Este es un claro ejemplo de dónde se ha centrado el mensaje publicitario durante años: alrededor de la energía o kilocalorías, dejando en un segundo plano la calidad del producto. A la publicidad le importa más el hecho de que un alimento tenga en la etiqueta la declaración *light* que los propios ingredientes que componen el producto. Este enfoque nos aleja de la salud, y nos obsesiona con la comida y su energía.

¿REALMENTE TIENE SENTIDO CONTAR KILOCALORÍAS?

Contarlas no. Considerarlas sí, y mucho.

Expliquemos el matiz. Considerar la kilocalorías es imprescindible, ya que es la energía de los alimentos la que determina que nuestro cuerpo almacene energía, o bien, por el contrario, recurra a sus reservas para cubrir su necesidad de esta.

Este equilibrio entre kilocalorías ingeridas y kilocalorías consumidas es lo que se denomina «balance energético». Tanto la ganancia de peso como el adelgazamiento son, por tanto, un consecuencia de esta relación.

Mientras que un exceso de consumo energético es el que nos conduce a que las personas almacenemos esa energía, es el déficit el que nos lleva hacia el proceso opuesto: la pérdida de peso.

Contarlas es otro tema completamente distinto. ¿De verdad es necesario contabilizar la cantidad de energía que incorporamos a través de nuestros alimentos, tal y como nos han hecho creer? Por fortuna, no es así.

Y es que prácticamente es imposible estimar con precisión alguna de las siguientes cuestiones:

- La cantidad de nutrientes y energía que tiene un alimento.
- El aprovechamiento que hace nuestro cuerpo de esos nutrientes.
- Conocer cómo responde fisiológicamente nuestro cuerpo ante ello.
- La cantidad de energía que gastamos diariamente con nuestras actividades.

Podríamos estimar las kilocalorías que consumimos a todas horas, pero es una tarea que no vale la pena. La pregunta pertinente sería: ¿resulta necesario? No, porque para eso tenemos en nuestro cuerpo un «termostato» de la energía que debemos consumir. Se llama apetito.

CONSIDERAR SOLO LAS KILOCALORÍAS:
UN MODELO FRACASADO

La idea de contar la energía de los alimentos como método para comer exactamente lo que necesitamos dio lugar a una hipótesis que parecía reducir todo a una idea muy simple:

Adelgazar es tan sencillo como gastar más kilocalorías de las que se consumen.

Esto puede ser un recurso a utilizar en ciertos momentos muy concretos, pero no para lo que nos queda de vida.

Pensar que todo se reduce a ingerir menos kilocalorías implica tener mucha fe en nuestros conocimientos dietéticos, nuestra saciedad y nuestro autocontrol. Premisa errónea: no vivimos en una jaula como ratas de laboratorio.

Para un sujeto que se encuentre encerrado entre cuatro paredes o rejas, reducir su aporte energético desembocará, con toda seguridad, en una reducción de peso. Es comprensible, puesto que no tiene acceso a ningún otro producto alimentario, y por tanto no tiene más remedio que comer lo que la escasa disponibilidad le dicta. Cuando esto sucede en el mundo real, la cosa cambia drásticamente.

Imaginemos la misma situación, pero en una persona que se despierta con armarios llenos de comida, al encender la televisión ve varios anuncios sobre alimentos superfluos, de camino al trabajo se topa con varios establecimientos de comida para llevar, en el centro de trabajo las opciones para comer no son las más adecuadas, allí dispone además de varias máquinas de *vending*, y a la salida del mismo los estímulos que ofrece la calle para merendar son un mar de procesados.

¿Podemos comparar la respuesta del sujeto enjaulado con la del sujeto que vive en el mundo real? Por supuesto que no.

Por eso, el conteo de kilocalorías como acercamiento teórico puede valer, pero llevado a la práctica fracasa. Especialmente si vivimos en este entorno orientado hacia el consumo excesivo y poco responsable. Es lo que se conoce como un ambiente obesogénico.

Nuestra jaula es enorme, es una sociedad entera. Solo que nuestras rejas están hechas de anuncios y nuestro comedero se sirve principalmente en el supermercado. Eso hace que tengamos que considerar y planificar otras muchas variables, como por ejemplo: ¿me va a dar hambre cuando esté en el trabajo? ¿Voy a tener tiempo para cocinar en casa si llego hambriento? ¿Qué tengo para picotear mientras preparo la comida? ¿Habrá una opción saludable mientras viajo en tren?

Todas estas variables ambientales, unidas a las individuales, como podrían ser todas las cuestiones fisiológicas (apetito, hambre, saciedad, metabolismo...), y junto con las psicológicas (motivación, ansiedad, fuerza de voluntad, autocontrol...), son las que determinan finalmente nuestra respuesta.

Tomar una buena decisión en nuestro mundo es muy complicado, porque eso implica elegir entre una amplia serie de opciones. Las buenas elecciones no son fáciles: hay que facilitarlas o «crearlas».

Considerar que adelgazar es tan sencillo como ingerir menos kilocalorías o vivir en equilibrio es una reducción muy simplista. Este enfoque obsoleto es a día de hoy uno de los mayores discursos por parte de la industria alimentaria, que nos invita a consumir sus productos superfluos «dentro de un estilo de vida saludable y con una dieta equilibrada». ¡Como si eso fuera fácil con este entorno!

ALIMENTOS *LIGHT* O BAJOS EN KILOCALORÍAS COMO RESPUESTA

Los alimentos *light* son la respuesta lógica a este planteamiento.

Una vez inculcada la idea de que todo gira alrededor de las kilocalorías, es probable que brote el pensamiento:

«Como un exceso de kilocalorías engorda, comer alimentos con pocas kilocalorías adelgaza».

Esta es una conclusión tomada demasiado a la ligera. Se trata sin duda de una deducción que no se da en la vida real.

Creer que los alimentos bajos en kilocalorías contribuyen a hacer de nuestro entorno un lugar más sano es una idea errónea. Lo saludable que resulta un alimento no depende de su cantidad de kilocalorías, sino de sus componentes en conjunto.

Tenemos, por tanto, ejemplos de alimentos muy calóricos, como pueden ser el aceite de oliva virgen extra o los frutos secos, que no se asocian con el sobrepeso y la obesidad. Mientras que por otro lado, el consumo de alimentos menos energéticos, pero con un mayor impacto en nuestro metabolismo, como es el caso de los dulces y refrescos azucarados, sí que está mucho más relacionado con estas patologías.

Importan los macronutrientes que aportan esa energía,

los otros micronutrientes que acompañan al alimento, las sustancias que intervienen en la digestión como la fibra o el agua. Y por supuesto otros factores como la temperatura, el estado físico del alimento o las técnicas culinarias aplicadas. Todo esto es mucho más complejo que sumar kilocalorías.

Es de sentido común percibir que 100 kcal de aguacate no repercuten del mismo modo en el cuerpo que 100 kcal en forma de vodka o de azúcar.

Centrarse en el número de kilocalorías con la intención de adelgazar implica además un ejercicio matemático muy complejo para la población, en el que la gente tiene que traducir kilocalorías a nutrientes y nutrientes a alimentos. Esto no sería necesario si hacemos una divulgación mucho más sencilla como es la de promocionar una dieta abundante en alimentos saludables. Ahí no hay margen para equivocarse.

Si los esfuerzos de salud pública se encaminaran a dar a la gente recursos de cómo seguir y adherirse a un patrón saludable, tendríamos muchos menos problemas y la gente entendería mejor el mensaje. Hablemos de dietas y alimentos en términos más comprensibles.

El porqué no se hace es un tema político y de intereses que daría para escribir muchos libros de divulgación, tantos como novelas negras.

PARADOJAS DE CONSUMO: ¿LO *LIGHT* PUEDE HACERNOS CONSUMIR MÁS?

Hay ciertas elecciones de alimentos muy desafortunadas a lo largo del día. Podemos creer, según se nos da a entender, que introduciendo en nuestra dieta alimentos con pocas kilocalorías ayudaremos a no elevar el gasto energético de la misma.

Por definición, los alimentos *light* o ligeros son aquellos que han reducido al menos un 30 % su contenido energético; se trata de una reducción respecto al alimento de referencia. Por ejemplo: para declararse como tal, un queso *light* debe tener un 30 % menos de kilocalorías que uno convencional.

Toda esta colección de barritas de 99 kilocalorías, mayonesas *light,* helados ligeros, *snacks* de arroz inflado o lácteos desnatados... es un gran ejemplo de cómo introducir en el organismo pocas kilocalorías, pero poco interesantes a nivel nutricional y, sobre todo, poco saciantes.

De nada sirve comprarte una barrita de 99 kilocalorías en el metro si al llegar a casa vas a comer pasta con tomate y un yogur azucarado de postre.

Como un papel hecho una bola: ligero, pero ocupa más espacio del que pensábamos en nuestro cajón. Así son los alimentos *light* en nuestra dieta.

Para añadir más leña al fuego, hay que considerar también que las personas nos comportamos de maneras muy peculiares cuando cambiamos nuestra pauta alimentaria. Es muy curioso, pero tenemos datos de cómo la gente que toman lácteos etiquetados como bajos en grasa acaban consumiendo más kilocalorías a lo largo del día. Todo parece apuntar a dos motivos:

Se subestima el contenido energético de los productos desnatados.

Estos alimentos producen menos saciedad a lo largo del día.

Al final, las personas pueden acabar comiendo más cantidad al tomar estas decisiones.

CAMBIAR EL ENTORNO, UN PRIMER PASO
PARA NO CONTAR KILOCALORÍAS

La lógica fisiológica consiste en seguir las indicaciones de nuestro apetito. Pero desde que la alimentación es un acto social más que biológico, nuestro cuerpo está sujeto a otros estímulos además de los hormonales.

Ya no solo las rutinas sociales fomentan un consumo constante, sino que el acceso continuo a los alimentos y las características de los mismos no ayudan. Los alimentos a los que tenemos acceso son en muchas ocasiones de baja calidad nutricional. Estamos demasiado expuestos a alimentos ultraprocesados, que usan en su composición ingredientes orientados a crearnos una sensación de placer exacerbada. No me refiero a químicos extraños ni a la idea conspiranoica que se oye de que «nos están envenenando». Se trata de unas motivaciones tan simples y sencillas como son la de usar materias primas baratas, duraderas y muy palatables.

Cuando las personas tomamos demasiados componentes que enmascaran el sabor, es normal que luego la comida convencional no nos sepa tan bien. Hablamos de grasas hidrogenadas, exceso de sal, azúcar y algunos aditivos que modifican nuestros umbrales de sabor.

Evitar este escenario es más fácil si se cambia parcialmente el entorno y se propician elecciones más saludables que permitan comer más sano sin tanto esfuerzo.

Rodearse de alimentos sanos, que sean materias primas sin procesar, es el mejor inicio. Es entonces cuando comiendo *ad libitum* el apetito resulta útil como indicador de nuestras necesidades energéticas. Ahí estamos considerando la saciedad de nuestro organismo sin que interfieran en ella los actores que interpretan el teatro del ambiente obesogénico.

Mito 3

«Hay que seguir una dieta equilibrada»

Quizá la población general no la sepa definir, quizá no la sepa identificar, pero sobre lo que no hay ninguna duda es de que la gente sabe que tiene que seguir una dieta equilibrada.

Este término tiene una definición clara:

Es la dieta que tiene todos los nutrientes necesarios para un correcto funcionamiento de nuestro organismo y que también permite la prevención de enfermedades.

Hasta aquí todo parece lógico y normal. Pero ha habido un problema muy grande de transmisión de esta pauta, tanto al personal sanitario como a la población general.

¿Qué es (o dice ser) una dieta equilibrada?

Cuando vamos a los libros y manuales que así la definen, es una dieta que guarda unas proporciones, de ahí el matiz de «equilibrio».

Se centra teóricamente en un aspecto fundamental, y es

que los tres nutrientes que nos proporcionan energía (hidratos de carbono, proteínas y grasas) estén dentro de una proporción estable. Este acercamiento clasista defiende que el diseño de nuestra dieta debe tender a alcanzar los siguientes rangos:

- Entre el 50-60 % de nuestras kilocalorías debería provenir de los hidratos de carbono.
- Entre el 10-20 %, de las proteínas.
- Entre el 20-30 %, de las grasas.

Estos márgenes nos podrían hacer elegir un porcentaje que cumpliera las normas. Para dar un ejemplo, elegiremos unos porcentajes válidos como:

- 50 % de hidratos de carbono.
- 20 % de proteínas.
- 30 % de grasas.

Cualquier dieta que se saliera de estos márgenes se clasificaba atendiendo al nutriente que se desequilibraba. Por ejemplo: dieta baja en grasas; dieta baja en hidratos de carbono; dieta alta en proteínas o hiperproteica.

Por desgracia, tratar de diseñar una dieta más saludable que otra teniendo en cuenta solo tres nutrientes es muy impreciso. Este enfoque es únicamente una visión cuantitativa, pues considera solo las cantidades, pero no la calidad.

Esto puede provocarnos la paradoja de tener una dieta equilibrada pero poco saludable.

En serio: ¿una dieta «equilibrada» y poco saludable?

Es posible. Es tan sencillo como cumplir con esas proporciones a costa de alimentos poco saludables. Podemos tener una dieta que cumpla el ratio propuesto: 50-20-30, pero eso nunca será una garantía de su conveniencia o de que resulte sana.

No es necesario calcular ninguna clase de nutriente para que el sentido común nos diga que no son igual de saludables estos dos menús:

Opción A

Café con leche, galletas y mermelada.
Tostadas con mantequilla.
Pasta con tomate y carne. Flan de postre.
Yogur azucarado con cereales.
Filetes empanados con patatas. Yogur azucarado.

Frente a otro que contenga:

Opción B

Café, yogur con fruta y avena.
Frutos secos.
Gazpacho. Revuelto de huevo con verduras. Fruta.
Fruta + frutos secos.
Ensalada. Pescado con verdura asada. Té.

Ambos menús pueden tener unas proporciones similares de macronutrientes, pero eso no nos indica mucho a nivel de la calidad. ¿Para qué queremos una dieta muy bien proporcionada si no nos aporta nada a nivel de salud? Ahí está el matiz entre equilibrado y saludable.

¿CÓMO SE CALCULA UNA DIETA EQUILIBRADA?
(SEGÚN LA TEORÍA Y AUNQUE SIRVA DE POCO)

UN EJEMPLO PRÁCTICO

Los pasos a seguir consisten en convertir esas proporciones de nutrientes en algo «real». Es este caso, se hace llevándolo a gramos y posteriormente a alimentos.

Pongamos como ejemplo una dieta de 2.000 kcal. Tenemos que aportar nuestro porcentaje válido de:

50 % de hidratos de carbono;
20 % de proteínas;
30 % de grasas.

Esto correspondería a que el total de energía de la dieta, 2.000 kcal, estaría distribuido de la siguiente manera:

1.000 kcal de hidratos de carbono;
400 kcal de proteínas;
600 kcal de grasas.

Pero a nadie se le dice: «Consume 400 kcal en forma de proteína». En casa, no tenemos una manera sencilla de conocer la energía de un alimento, aunque sí que lo podemos hacer con la masa. Así que esto hay que transformarlo en gramos.

Esto se puede hacer porque conocemos el aporte energético de cada uno de estos nutrientes:

1 g de hidrato de carbono de referencia proporciona 4 kcal;
1 g de proteína de referencia proporciona 4 kcal;
1 g de grasa de referencia proporciona 9 kcal.

Podemos calcular cuántos gramos harían falta de cada nutriente dividiendo por su aporte energético. En el caso de este ejemplo:

1.000 kcal están contenidas en 250 g de hidratos de carbono (1.000 / 4 = 250);

400 kcal están contenidas en 100 g de proteína (400 / 4 = 100);

600 kcal están contenidas en 66,66 g de grasa (600 / 9 = 66,66).

El proceso ya es lo suficientemente arduo. Pero aún no hemos terminado.

Ya tenemos los gramos, pero esos nutrientes hay que ingerirlos en forma de alimentos.

«Solo» falta llevar a cabo algo tan «sencillo» como tomar una dieta con esas cantidades, en la que habría que incorporar alimentos hasta cumplir ese gramaje concreto.

Consultando diferentes tablas de composición de alimentos, podemos saber qué nutrientes tienen los alimentos.

Un tomate mediano, por ejemplo, contiene lo siguiente:

6,27 g de hidratos de carbono;
1,48 g de proteína;
0,25 g de grasa.

Mientras que unas pocas nueces contienen:

4,99 g de hidratos de carbono;
4,26 g de proteína;
17,69 g de grasa.

Imaginemos este proceso hasta obtener los 250 g de hidratos de carbono, los 100 g de proteína y los 66,66 g de grasa necesarios.

¿Realmente vamos a sumar todas estas aportaciones individuales para calcular una dieta equilibrada? ¿Realmente sirve para algo? Sinceramente, de muy poco.

CONTAR NUTRIENTES: ARMA DE DOBLE FILO

Centrarnos en la idea de una dieta equilibrada como una proporción de nutrientes que debemos calcular, no solo nos hace perder nuestro valioso tiempo con una tarea muy tediosa sino que es muy poco práctico y además puede causarnos confusión.

Esto puede suceder al utilizar un enfoque que equipara indirectamente alimentos que nada tienen que ver entre sí. Usando esta metodología podríamos creer erróneamente que una naranja, una pera y un refresco azucarado son parecidos por su composición y por tanto intercambiables en una dieta:

Alimento	Hidratos de carbono	Proteína	Grasa
Refresco azucarado (33 cl)	24 g	0 g	0 g
Naranja (170 g)	26,35 g	2,21 g	0,30 g
Pera (170 g)	27,16 g	0,76 g	0,17 g

Aportar a tu cuerpo energía en forma de refrescos azucarados o de fruta es muy diferente, por lo que no podemos continuar con un modelo que se centra en los nutrientes ni ser tan simplistas, especialmente si podemos dar a entender que ambos alimentos están aportando únicamente hidratos de carbono en su mayoría.

Mientras que la naranja y la pera utilizadas en el ejemplo anterior aportan compuestos bioactivos y fibra, un refresco es prácticamente azúcar libre añadido. No son igual de saludables, pero a los ojos del conteo, estos nutrientes podrían ser similares.

CALCULAR LO INCALCULABLE

Por si fuera poco, todas estas cantidades están basadas únicamente en estimaciones. Esto conlleva que saber qué cantidad exacta de nutrientes nos aporta un alimento resulta realmente complicado. Al igual que es muy complicado conocer nuestras necesidades exactas.

Los datos que constan en las tablas de composición de alimentos se extraen a partir del análisis de varias muestras de diferentes alimentos, pero poco tienen que ver con el que tenemos en frente. Nuestra naranja es una pieza única, con su punto de maduración concreto y su composición de nutrientes particular: no se parecerá a aquellas naranjas que se analizaron en un laboratorio al otro lado del Atlántico, en otra época y en otro entorno.

Tomar esos datos para saber qué parte de nuestras necesidades nutricionales cubrimos es otra odisea. El motivo es parecido: si no todas las frutas son iguales, las personas tampoco lo somos, y puesto que nuestros requerimientos se estiman a partir de medidas poco precisas de nuestro cuerpo (peso, composición corporal, estatura...) y estas se utilizan para compararlas con los requerimientos de otras personas, quizá no sea necesario devanarnos los sesos para saber si necesitamos 2.120 o 2.200 kcal. ¿Qué más da?

¿Y cuántas gastamos? ¿Con qué intensidad hacemos ejercicio? ¿Cuántas escaleras hemos subido? ¿Gastamos lo mismo que otra persona haciendo el mismo ejercicio? ¿De verdad vale esto la pena?

Jugamos a ciegas, y realmente, salvo excepciones y patologías muy concretas, no tiene mucho sentido preocuparnos por los gramos de nutrientes que estamos ingiriendo, los gramos de grasa que debemos consumir o las kilocalorías que hemos gastado.

En situaciones individuales podría estar justificado, pero la población general no necesita estar contando números, especialmente cuando estamos enfermando con nuestros malos hábitos y con esos excesos que cometemos sin medida y sin necesidad de contar.

¿Cómo transmitir todo esto?

No podemos hablar a la gente de proporciones si no hay un respaldo real.

No es responsable hablar de gramos si no hay precisión en los cálculos.

No debemos obsesionar a la gente con números porque no hay posibilidad de conocerlos y, por tanto, no es real.

En nuestro día a día, cocinaremos un plato de lentejas, una olla llena de ingredientes que, además, luego repartiremos de manera arbitraria entre los comensales. Saber qué cantidad de patata, legumbre, aceite, zanahoria tiene cada uno es prácticamente imposible. Una simple estimación. Pero tampoco lo necesitamos.

El día que comamos fuera de casa, es mejor no intentar calcular qué cantidad de aceite tiene una salsa, cuántos fideos hay en esa sopa o cuántos gramos de queso tiene mi trozo de pizza.

Esa sopa contiene una cantidad indeterminada de fideos,

que tiene una cantidad estimada de nutrientes calculados por la comparación con otros fideos. ¿De verdad pretendemos usar esos datos para conocer qué cantidad de nuestros requerimientos personales estamos cubriendo, los cuales han sido obtenidos a su vez de otras estimaciones? Es un auténtico sinsentido.

Se ha querido imponer un modelo numérico en un mundo de alimentos. Pero lo que tenemos enfrente es comida, no números. Es preferible preocuparse por los platos que es mejor incorporar, y con qué frecuencia, que centrarse en proporciones que no nos dicen nada.

Llegados a este punto, es normal preguntarse: ¿de qué depende realmente lo sana que es o no una dieta? Sin lugar a dudas, de los alimentos que la componen. Entre un refresco y una fruta hay solo una opción saludable y no hay que dudar ni un momento en señalarlo claramente a la población.

El mensaje de la «moderación» y el «Hay que comer de todo» es confuso y ha contribuido a que la gente subestime la importancia de sus malas elecciones.

Quizá ha llegado el momento de decir sin miedo que hay alimentos sanos y otros que no lo son.

Mito 4

«No hay alimentos buenos ni malos»

Ya hemos visto que, desde el punto de vista de las kilocalorías y de los nutrientes, los alimentos pueden parecerse e incluso podríamos llegar a confundirlos.

Y precisamente mediante el consumo de estos alimentos, las personas desarrollamos diferentes patologías que se relacionan con el abuso o la ausencia de diferentes nutrientes. Las enfermedades carenciales se producen por la falta de algún componente; por ejemplo, el escorbuto aparece si tenemos un déficit de vitamina C, o la pelagra si no tomamos suficiente vitamina B3.

En el otro extremo, tenemos enfermedades que pueden estar provocadas por el exceso de diferentes compuestos o alimentos: un abuso en el consumo de sal se relaciona con el cáncer de estómago, la carne roja procesada es un factor de riesgo del cáncer colorrectal, mientras que el alcohol predispone a diversos tipos de cáncer.

También sabemos que ciertas condiciones pueden aumentar el riesgo de enfermar. Un exceso de grasa corporal puede conducir hacia un síndrome metabólico, al igual que una elevada glucemia podría desencadenar una diabetes mellitus.

A día de hoy tenemos suficientes evidencias para establecer una relación directa entre ciertos alimentos o nutrientes y algunas de estas enfermedades y factores de riesgo. La bollería, los refrescos azucarados y los dulces en general se relacionan fuertemente con el sobrepeso y la obesidad.

En el extremo contrario, tenemos numerosos datos que justifican una dieta abundante en frutas, verduras y hortalizas para prevenir diferentes patologías: su consumo proporciona un efecto protector ante la diabetes, el sobrepeso y la hipertensión, entre otros factores.

No es descabellado por tanto reconocer que un tomate es mucho más saludable que una ensaimada.

¿Hay algún motivo entonces para defender la visión de que «no hay alimentos buenos ni malos»? Sin duda la hay, pero está más cerca de intereses comerciales que de proteger nuestra salud.

¿Qué significa que un alimento sea bueno o malo?

Cuando tratamos la salud desde un punto de vista científico, es conveniente salirnos del prisma de los juicios de valor. Los conceptos bueno o malo habría que matizarlos con una pregunta: ¿para qué?

En función de para qué estemos valorando un alimento, lo podríamos considerar:

—Útil para un fin.
—Conveniente para una situación.
—Agradable o hedónico para un momento concreto.
—Práctico en un contexto específico.

Una ensalada puede ser muy útil si estamos preocupados por nuestra salud, pero quizá no es conveniente si vamos a ir de ruta por la montaña varios días.

Por otro lado, un refresco, además de ser agradable, puede ser práctico a la hora de reponer energía tras una prueba física muy exigente, pero no resultar adecuado para personas sedentarias.

Si nos mantenemos en esta aparente neutralidad y no nos mojamos, podríamos considerar que todos los alimentos pueden llegar a tener una utilidad o un fin concreto dependiendo del momento. Sin embargo, no debemos engañarnos con excepciones y casos aislados.

Lo cierto es que cuando hablamos de alimentación lo debemos hacer con unas premisas. Nos dirigimos a una sociedad en la que abunda el sobrepeso y la obesidad, en la que hay un consumo excesivo de alimentos superfluos, como dulces y bollería, en la que se consume menos cantidad de fruta y verdura de las recomendadas, y todo este patrón dietético es el que mantiene unas tasas alarmantes de enfermedades no transmisibles. ¿Nos mojamos entonces?

En este escenario, es irresponsable mantener una neutralidad. No podemos situarnos en la mediatriz y decir que un refresco «podría llegar a ser útil», o que «unas galletas se pueden tomar con moderación» si las personas ya se están atiborrando de esos alimentos. Se trataría de una comunicación poco ética desde un punto de vista sanitario. Se debe actuar con contundencia si la situación lo requiere. Comunicar sin pelos en la lengua es necesario bajo esta situación.

Si juzgamos los alimentos desde el punto de vista de la salud, podemos decir claramente que sí que hay alimentos buenos y malos, es decir, sanos e insanos.

EL NUTRICIONISMO COMO HERRAMIENTA PARA CLASIFICAR LOS ALIMENTOS COMO BUENOS O MALOS

En los anteriores capítulos hemos visto cómo no podemos asumir que un alimento sea más saludable que otro ni por su cantidad de kilocalorías ni simplemente por sus macronutrientes. Es el conjunto y nuestra respuesta fisiológica ante ese alimento lo que determina que sea saludable o no.

Concretamente, hay una corriente denominada nutricionismo, bautizada así por Gyorgy Scrinis, que se empeña en evaluar los alimentos conforme a la presencia y ausencia de ciertos nutrientes.

Esta es la causa por la que muchas personas asumen que algo es saludable cuando ven las siguientes declaraciones:

- Con vitaminas y minerales.
- Con 7 cereales.
- Con omega-3.
- Fuente de hierro.
- Alto contenido en fósforo.

O por el contrario, cuando ven reclamos basados en la ausencia de otros compuestos:

- Sin colorantes ni conservantes.
- Sin colesterol.
- Sin grasas saturadas.
- Sin azúcares añadidos.
- Sin kilocalorías.
- Sin grasa.

Esta visión parte también de un enfoque erróneo, que es el de «Cuanto más mejor» o «Cuanto menos mejor». Estos polos opuestos no son compatibles con la consideración global de un alimento saludable, de ahí que sea importante evaluar cada alimento en su conjunto. La fruta no es solo saludable por la fibra, al igual que un bizcocho no es desaconsejable únicamente por el azúcar.

Destacar un «sin» o un «con» es una simple estrategia para hacer parecer los alimentos más buenos o malos de lo que realmente son. Por eso no tiene sentido hacer críticas ni defensas basándonos en un único aspecto. Es tan estúpido como criticar a un martillo porque no ilumina de noche o a una batidora porque no calienta la comida.

Cuando observamos críticas de alimentos aislados, hay que considerar que muchas veces no se tiene en cuenta su cantidad de consumo, por lo que alimentos que se toman en poca cantidad pueden sobrevalorarse, mientras que otros que se consumen en mayor medida, pero no son tan llamativos a priori, pueden convertirse en nuestras verdaderas fuentes de nutrientes.

El perejil puede ser muy rico en vitamina C, pero si apenas tomamos unos gramos al año va a tener menos repercusión en nuestra dieta que un gajo de naranja. Del mismo modo, un cacao en polvo puede anunciarse muy rico en minerales y vitaminas, una simple excusa para ocultar la parte más importante de su composición: un 75 % de azúcar.

En este mundo tan paradójico nos podemos encontrar que está autorizado un bollo con chocolate que se anuncia como un producto que «contribuye al normal crecimiento de nuestros hijos», mientras que, por el contrario, no veremos unas nueces a granel ni un manojo de espárragos etiquetados con una declaración de salud.

¿Quién y por qué dice que «No hay alimentos malos ni buenos»?

Más que una frase, es un canto de sirena:

No existen alimentos buenos ni malos, sino formas de alimentarse o dietas adecuadas o inadecuadas. Además, la dieta será adecuada o no dependiendo de la persona a la que esté dirigida.

¿Una sentencia aparentemente cierta y llena de sentido común? Más bien una verdad a medias usada por diferentes empresas de la industria alimentaria y por sociedades científicas en sus mensajes a la población. La trampa que encierra es que se usa normalmente en relación a alimentos de consumo muy ocasional, productos que deberían estar limitados en una dieta saludable a un nivel anecdótico.

Cabe destacar que la mayoría de los anuncios que se hacen de comida son de productos superfluos y de poco interés nutricional. Podemos entender, por tanto, que esta frase se utiliza como una excusa para restar importancia al consumo del producto poco interesante que nos están vendiendo, intentando disimularlo o enmascararlo dentro de un patrón general.

Una muestra de este mensaje sesgado y que se ha logrado introducir en nuestra población es que las empresas que desarrollan el Plan de Fomento de Hábitos de Vida Saludables en la Población Española (Plan HAVISA) pertenecen en su mayoría a una industria alimentaria que produce productos de bajo interés nutricional.

Esa frase que encontramos debajo de los anuncios publicitarios de marcas y alimentos no tan sanos curiosamente siempre nos recuerda que debemos llevar «unos hábitos de vida saludables».

Es muy frecuente que esta idea vaya acompañada de otras

como «Hay que comer de todo» o «El consumo de estos alimentos debe ir acompañado de una dieta equilibrada y actividad física». Consejos encaminados a minimizar el impacto de un posible abuso de estos productos, pero sobre todo orientados a diluir la verdadera responsabilidad o efectos de los mismos.

Para estar sanos nos recomiendan hacer ejercicio, llevar una dieta saludable y tomar su producto. Inconscientemente, atribuimos al producto los beneficios de salud, sin pararse a pensar que hacer ejercicio, llevar una dieta saludable y jugar a las cartas con tus amigos podría tener el mismo efecto.

El mensaje que finalmente acaba impregnando la mente de la población no es el que debería. Nadie acaba encajando un eslogan contrario: «Estos alimentos no son saludables, debería evitar su consumo y, en caso de hacerlo, únicamente de manera excepcional». En su lugar, se nos fija otro mensaje muy distinto, más parecido a «Disfruta de estos productos porque no hay alimentos buenos ni malos, y hay que comer de todo».

RELATIVIZAR LAS CANTIDADES. EL «CONSUMO RESPONSABLE»

Es muy común encontrar posturas y opiniones sobre alimentos que los demonicen o los pongan por las nubes. Por norma general, estos análisis se hacen de manera individual y, por tanto, aislada, así que es importante relativizar la información para no caer en creencias erróneas.

Es especialmente común escuchar a gran parte del personal sanitario abogar por un consumo moderado, en el que lo que importa principalmente son las cantidades que se toman.

Este enfoque asume que puede haber consumos responsables o consumos dentro de un margen saludable. Una realidad que es cierta, pero el problema es mantenernos en ese nivel de consumo «aceptable».

Cuando hablamos de cantidades asumibles de productos ultraprocesados infravaloramos su presencia constante, olvidamos que nos rodean de manera continua.

Además, sobrevaloramos la capacidad de las personas de controlarse y de tener un comportamiento responsable, de mantenerse en unos márgenes considerados como seguros, pero en realidad, y como hemos visto anteriormente, lograr esto en un ambiente obesogénico es una odisea.

Sabemos a día de hoy que el mensaje del consumo moderado ha servido para perpetuar la idea de que todos los alimentos pueden estar en nuestra dieta. El caso es que, preguntemos a quien preguntemos, todo el mundo bebe «ocasionalmente», y respecto al consumo de dulces, todo el mundo los toma «de vez en cuando», sin abusar.

La gente asume que su consumo, independientemente de cuál sea, está dentro de esa ambigüedad que representa la moderación. «¿Beberé mucho? ¿Comeré muchas galletas? Probablemente no. No seré una excepción.» Y es que nadie quiere asumir que tiene un comportamiento irresponsable dentro de su entorno. Claro ejemplo de que erramos al estimar nuestras ingestas.

El mensaje de que «lo que importa son las cantidades que se toman» es un enfoque que tiende a dar más importancia a las raciones que tomamos que al alimento en sí mismo. Indirectamente, da pie a que la población interprete esta idea de manera inadecuada y acabe recordando que se puede tomar «una pequeña cantidad de diferentes alimentos superfluos porque hay que comer de todo».

Al final, termina el día y te vas a la cama pensando que lo has hecho de diez. Al fin y al cabo, has comido de todo un poco y con moderación: algo de dulce, unas galletas, un bocadillo de embutido, una cerveza, un vasito de vino, un poco de bollería, un postre lácteo...

Tal y como nos han enseñado.

Mito 5

«Hay que comer como dice la pirámide alimentaria»

Llegados a este punto, el consecuente paso que habría que dar es el de transmitir a la población qué alimentos saludables son los que deben componer su alimentación diaria.

Para tal efecto, nos hemos servido desde hace tiempo de las guías alimentarias. Estas guías intentan transmitir de una manera breve y sencilla cómo mantener una alimentación saludable. En ellas se recogen de modo visual y resumido las elecciones que debemos hacer si queremos tener una dieta correcta.

Suelen usar un lenguaje y unos símbolos fáciles de comprender, que transmiten también otros aspectos que rodean a la alimentación, como el tamaño de las raciones, la frecuencia de consumo, el modo de preparación y otras rutinas saludables.

Como tratan de darnos a entender una rutina, es imprescindible que cada guía esté adaptada a un entorno concreto e incluyan alimentos típicos de esa cultura, priorizando además la disponibilidad local y de temporada de cada comunidad.

Tenemos en la actualidad una gran certeza de lo complicado que es transmitir e interpretar las guías alimentarias. En este capítulo analizaremos concretamente el caso de la pirámide alimentaria española, el modelo más popular y extendido durante los últimos años. Se trata de la que edita la Sociedad Española de Nutrición Comunitaria, en su versión de 2004, y que podemos encontrar en su sitio web.

NO PRIORIZA LOS ALIMENTOS MÁS SALUDABLES

La pirámide en sí misma es una construcción que nos manda un mensaje claro, independientemente de su contenido: hay alimentos más importantes que otros.

Podríamos discutir sobre el término «importante» en la dieta, pero, habiendo abordado ya la dicotomía bueno-malo, nos quedaremos con que la pirámide puede servir para clasificar alimentos más sanos que otros.

Dicha pirámide no sitúa en su base (la zona de mayor importancia) aquellos alimentos que podrían relacionarse con la prevención de enfermedades. Hemos visto con anterioridad cómo la evidencia científica nos arroja un claro mensaje sobre la conveniencia de incluir principalmente frutas, verduras y hortalizas en nuestra dieta. Sin embargo, si observamos la pirámide vemos que la base impone una selección de cereales y derivados difícil de justificar.

¿Por qué aparecen estos alimentos en la base si no se relacionan expresamente con la prevención de ningún tipo de enfermedad? Es más, sí establecemos asociaciones de cómo el abuso de pan, cereales refinados o derivados ultraprocesados de estos alimentos pueden aportar un exceso de kilocalorías vacías y contribuir a una dieta menos saludable. Entonces siendo además uno de los grupos más consumidos en nuestro país, ¿qué necesidad hay de hacer hincapié en un grupo que nutricionalmente no es muy interesante y que además se consume en exceso en la actualidad? Es complicado de explicar.

Por si fuera poco, aparecen versiones poco adecuadas en la base de la pirámide. Gráficamente, si analizamos la pirámide, se pueden observar dos paquetes de cereales de desayuno, un paquete de harina, pan blanco, pan de molde y pasta, entre otros. Las versiones integrales aparecen de manera muy discreta y solo con referencia expresa a los cereales de desayuno en una caja. Es una selección muy poco afortunada. Podrían haber hecho un ejercicio de materias primas integrales, priorizando los envasados tradicionales y no las cajas.

Esta colección es tan inexplicable como si en el escalón de frutas y verduras nos encontrásemos derivados en lugar de producto fresco. Habría sido como incluir mosto, tomate frito, zumo de naranja, crema de zanahorias y compota de manzana.

Puede dar a entender que hay alimentos necesarios

Tal como está diseñada la pirámide, da la sensación de que los escalones no son intercambiables y poseen propiedades completamente diferentes. Es posible por tanto que dé lugar a entender que cada piso es totalmente necesario.

En esta línea, podríamos interpretar que los cereales son imprescindibles en una dieta o incluso que los lácteos tienen que estar presentes sí o sí.

Haciendo un análisis dietético cualitativo, podríamos decir que solo dos escalones son saludables e imprescindibles en una dieta saludable: el segundo (con frutas y verduras) y el cuarto (con las fuentes proteicas). Al separar los lácteos de las fuentes proteicas, estos se convierten en un compartimento estanco que parece insustituible. La misma percepción se obtiene con los cereales de la base.

Es necesario aclarar en este punto que una dieta puede ser perfectamente saludable sin cereales y sin lácteos. No quiere decir esto que sea conveniente su eliminación, sino simplemente que no son alimentos imprescindibles. Sus nutrientes pueden incorporarse con otros alimentos como frutas, verduras, hortalizas y fuentes proteicas.

Recordemos que no hay ningún alimento que sea necesario e imprescindible. Tampoco ningún grupo de alimentos. En nuestra nutrición, lo que debemos incorporar son ciertos nutrientes esenciales, lo que podemos hacer a través de muchas fuentes diferentes.

Nuestros hidratos de carbono no se incorporan únicamente a través de los cereales, ni el calcio es un nutriente exclusivo de los lácteos.

PRESENCIA DE ALIMENTOS INSANOS

El vino, la cerveza, los dulces y las carnes procesadas han sido invitados a la pirámide alimentaria que estamos analizando y por tanto forman parte de ella. Aunque lo hagan en la cúspide, su mera presencia se utiliza de reclamo para justificar su conveniencia o el hecho de que pueden ser una elección dentro de una dieta equilibrada.

Esta realidad ha sido utilizada por las propias empresas de dulces y *snacks*, algunas de las cuales han llegado a mostrar orgullosas en su envasado el producto en la cúspide de la pirámide. Usan la información visual con un pseudoaval; le dicen al consumidor: «Cómeme, mira, aparezco en la pirámide y me puedes comprar de manera ocasional». Ya hemos visto los peligros que conlleva la cultura de la moderación y el comer de todo un poco.

La presencia de las bebidas alcohólicas es otro de los

lastres de esta guía alimentaria. Somos de los pocos países del mundo que las incluye, a pesar de que hay una colección de más de cien guías nacionales en todo el planeta. Usando el mismo argumento de la frecuencia ocasional, se han hecho un hueco, no solo en la pirámide alimentaria, sino en uno de sus satélites, la Pirámide de la Hidratación Saludable del SENC, que incluye otro ejemplo de muy probable mala interpretación y que también podemos encontrar en su sitio web.

En esa versión, aparecen los zumos, la leche desnatada, la cerveza sin alcohol, las bebidas para deportistas y los zumos comerciales dentro del grupo de «Consumo diario. Diez vasos al día», junto con el agua y otras bebidas acalóricas.

Si nos fijamos, la pirámide, a su vez, tiene una nota al pie que reza que «el consumo moderado (de las bebidas alcohólicas de baja graduación) ha demostrado beneficios en adultos sanos. No se incluyen en la pirámide pero pueden consumirse con moderación».

En el capítulo sobre el alcohol ampliaremos más sobre este tema. Solo adelantaremos que es una irresponsabilidad fomentar el consumo de cualquier cantidad de alcohol en nuestra sociedad.

INCLUIR TODAS LAS INGESTAS PUEDE INDUCIR A ERROR

La pirámide alimentaria arroja una visión global de lo que podría ser aproximadamente una semana de ingesta. De ahí que aparezcan alimentos de consumo esporádico que no se deberían consumir todos los días.

Esto hace complejo entender qué grupos debemos priorizar, especialmente si el orden no es adecuado, como hemos visto anteriormente. Según esa pirámide y atendiendo a su jerarquía, un plato de pasta con carne picada y tomate, acompañado de una fruta de postre, se ajustaría perfectamente a sus proporciones y frecuencias. Al día siguiente, un arroz con pollo y verduras, con yogur de postre. Este comportamiento mantenido de forma continuada no sería llamativo ni susceptible de ningún tipo de alarmismo.

Son platos que no se perciben como poco saludables, y realmente no es que sean perjudiciales en sí mismos, pero desplazan el foco sobre el verdadero interés dietético: que las frutas, las verduras y las hortalizas tengan la presencia primordial en nuestra dieta.

Con el fin de priorizar correctamente los alimentos que lo merecen, y sobre todo con el objetivo último que tienen las guías alimentarias, que es mejorar la salud de las personas, existen otras alternativas más innovadoras como es el caso del Healthy Eating Plate de Harvard (Plato para comer saludable) (<http://www.health.harvard.edu/healthy-eating-plate>).

Como se puede ver en su sitio web, se hace referencia únicamente a las dos ingestas principales: comida y cena.

Esta elección tiene su razonamiento lógico, y es que la merienda o la media mañana suelen ser ingestas en las que no es necesario incorporar muchos grupos alimentarios. Un café, un té, frutos secos o una simple fruta son elecciones saludables por sí mismas.

En el plato que nos propone Harvard, las frutas, las verduras y las hortalizas ocupan sin atisbo de duda la mitad del plato. Los cereales refinados están limitados y aquellos que se incorporan son necesariamente integrales. Cuando se refiere a la proteína, es claro y conciso: «Evita los procesados». Los lácteos no aparecen como un grupo propio, sino que están limitados en dos de los nutrientes que contienen (agua y proteína).

¿Dónde se encuentran las bebidas alcohólicas? ¿Y los dulces?

Ni están, ni se los espera.

Esta guía, por tanto, es mucho más coherente con el objetivo de fomentar aquellos alimentos sanos o buenos, ya que los grupos que predisponen a enfermedades, o bien no aparecen, o bien están limitados. Por otro lado, aquellos con capacidad preventiva tienen reservado un importante hueco. No hay tantas dudas.

La actualización: Pirámide de la SENC 2015

La nueva versión del año 2015 incorporó alguna evidente mejora, como es la integración de un estilo de vida saludable o la fusión de los lácteos dentro del grupo de alimentos proteicos, donde ahora se invita a poder alternarlos.

Las bebidas alcohólicas ya no se encuentran en el apartado «A diario», pero siguen apareciendo junto a los dulces y los derivados cárnicos ultraprocesados.

Esta vez, las versiones integrales están mucho más presentes y hacen referencia a todas y cada una de las ilustraciones de cereales. No obstante, sigue siendo el escalón principal de la pirámide.

Por supuesto, y como es lógico, el resto de pegas inherentes a la pirámide que hemos comentado anteriormente continúa. ¿No se ha avanzado lo suficiente en once años?

¿QUIÉN DEBERÍA DISEÑAR NUESTRAS GUÍAS ALIMENTARIAS?

Sin duda alguna, elaborar una guía alimentaria no es tarea fácil. La propia Organización de las Naciones Unidas para la

Alimentación y la Agricultura y la Organización Mundial de la Salud (FAO/OMS) reconocen que es un reto a afrontar, en el que tenemos que seguir trabajando para poder transmitir fácilmente cómo llevar una alimentación saludable. Crear una futura guía alimentaria cuya interpretación sea más fácil y efectiva es un objetivo prioritario. Sea como sea, lo que debe transmitir es que nuestra alimentación tiene que estar compuesta principalmente por materias primas de origen vegetal, junto con proteínas y grasas de calidad.

¿Quién sabe lo que nos deparará el futuro? Quizá un carro de la compra lleno de vegetales, y un frigorífico que prioriza los cajones de frutas y verduras. Lo que no debería plantear tantas dudas es que hay que ser conscientes de la repercusión que tienen estas guías en nuestra salud.

Es de sentido común considerar que aquellos actores, como son las sociedades científicas, la industria alimentaria, las instituciones de salud, los grupos de consumo y producción, los canales de distribución..., se ven afectados por la información que la guía nacional de su país arroje.

Ejemplos de la mala interpretación que se puede realizar de este mensaje son, entre otros, el orgullo que muestra el Centro de Información Cerveza y Salud al ver aparecer la cerveza sin alcohol en la pirámide de la hidratación de la SENC o cuando la Sociedad Española de Dietética y Ciencias de la Alimentación (SEDCA) destaca el «alto contenido en agua» de la cerveza en su Libro Blanco de la Hidratación.

Quizá sería más ilustrativo para la sociedad, y probablemente un ejercicio de transparencia, señalar cuáles son las empresas que financian los congresos de esta sociedad. Por ejemplo, el evento de 2016 cuenta con patrocinadores como el Centro de Información Cerveza y Salud, Coca-Cola Company, Central Lechera Asturiana o Danone, entre otros.

Es posible que poner esta información encima de la mesa ayude a comprender y a explicar, aunque sea parcialmente, el diseño de estas guías de hidratación o alimentación.

¿Han intervenido estos conflictos de interés en la elaboración de estas guías?

¿Ejercen presión ciertas industrias para que aparezcan ilustrados algunos alimentos en ellas?

¿Influyen los patrocinios de las sociedades científicas en los dictámenes de sus recomendaciones de salud?

Les dejo la respuesta a ustedes mismos.

Mito 6

«El desayuno es la comida más importante del día»

El desayuno tiene algo especial. Sin lugar a dudas, ha sido la ingesta sobre la que más presión publicitaria y comercial se ha ejercido. A base de insistir se nos han inculcado frases como:

- «El desayuno es la comida más importante del día.»
- «No se debe salir de casa sin desayunar.»
- «Se debe empezar el día con un buen desayuno.»
- «Desayuna como un rey, come como un príncipe, cena como un pobre.»

Una serie de frases e ideas que han asaltado nuestro cerebro y que han convertido inevitablemente a esta ingesta en objetivo de muchos intereses y conversaciones.

¿Es la comida más importante del día?

No. No hay ningún dato que lo justifique desde el punto de vista dietético-nutricional.

El desayuno puede ser la comida más importante del día

si así lo deseamos. Dependiendo de la cultura gastronómica, varían los grupos alimenticios que incluye y la cantidad de volumen energético que aporta.

Lo que es realmente importante es hacer una buena elección de alimentos en él. De nada nos servirá hincharnos a calorías para empezar el día si estas provienen de alimentos poco interesantes. Y siendo sinceros, es lo que se nos ha inculcado desde hace tiempo.

Debemos considerar, no obstante, que es una gran oportunidad que se puede aprovechar para compartir un momento familiar, para dar ejemplo y disfrutar de una comida todas las personas del hogar. Es complicado enfocarlo así, debido a que suele ser más bien un mero trámite en numerosas casas, pero quizá constituye para algunos uno de los pocos momentos en los que fomentar elecciones saludables desde la coherencia y una compañía agradable.

¿HAY ESTUDIOS QUE DIGAN QUE ES CONVENIENTE DESAYUNAR?

Los hay, la mayoría de carácter observacional.

Hay varias investigaciones que vinculan el desayuno con un mayor rendimiento escolar o incluso con un mejor estado de salud de los niños.

Pero es muy complicado asumir que esos datos se deben al desayuno en sí mismo. Todo apunta a que es en realidad una correlación espuria, que está relacionada, pero no es la causa. Invocamos aquí la máxima de que la correlación no implica causalidad.

Para conducir esta afirmación a palabras más inteligibles, habría que decir que el mejor rendimiento escolar está explicado por otras causas, principalmente de estatus socioeconómico o de comportamiento familiar.

Las familias que se preocupan más por sus hijos en general les dan de desayunar porque han oído decir que es lo conveniente. También por tanto se preocupan más de que estudien y, muy probablemente, sean familias más concienciadas con la salud y, por ejemplo, busquen una actividad extraescolar deportiva. Demasiados factores en juego para atribuirlo todo a un tazón matutino.

Lo primero que debemos entender es que el desayuno no es obligatorio y no tiene por qué ser la comida más importante del día. Esto es un mito, en especial si esa presunta «comida importante» está plagada de malas elecciones.

Salir de casa con un bol de leche con cereales en el estómago no es por tanto lo que causa el mayor rendimiento escolar del chaval, sino todo su entorno.

LO QUE SUPUESTAMENTE DICEN QUE HAY QUE DESAYUNAR

Es difícil concebir esta comida sin los cereales «de desayuno». Resulta curioso observar cómo la publicidad ha posicionado un alimento de manera específica para una ingesta.

Este apellido, «de desayuno», no responde a una formulación específica ni a una estrategia nutricional que justifique llamarlo así. Al igual que tampoco hay alimentos «de cena» o «para merendar». Es la consecuencia de un proceso de publicidad que ha pretendido que formen parte de nuestro día a día de una manera crónica y establecida.

Tras muchos años, este dogma se da prácticamente por asumido y es muy difícil de cambiar. Además, se trata de una de las ingestas más monótonas y establecidas en nuestra rutina. Muchas personas desayunan lo mismo mañana tras mañana, sin plantearse siquiera variarlo o que cada día pueda ser diferente. Porque es lo que nos han dicho que hay que tomar al levantarse. Si, por el contrario, comentásemos en nuestro círculo social que todos los días comemos lentejas, aunque se trata de un alimento saludable, probablemente nos toparíamos frente a un estupor y argumentos surgidos desde el subconsciente de las personas que nos dirían que eso no puede ser bueno y que no hay que tomarlas tanto. En cambio, a pocas personas les tiembla el pulso cuando ven que la bollería es el recurso más recurrido en el desayuno.

Cogiendo el relevo del anterior capítulo sobre las dudosas recomendaciones que daban ciertas entidades científicas, resulta muy paradójico que ciertas organizaciones como la Asociación Española de Pediatría avale con su sello las galletas Dinosaurus de Artiach, e incluso que en su portal web recomiende como desayuno ejemplar este producto acompañado de leche con Cola Cao.

Otro ejemplo de dudosa ética es el caso de la Sociedad Española de Dietética y Ciencias de la Alimentación (SEDCA), que ha cedido su sello a Bollycao.

De nuevo cabe preguntarse qué empuja y motiva a estos círculos a realizar esta clase de recomendaciones en contra de la salud pública.

¿CÓMO DEBERÍA SER UN BUEN DESAYUNO?

Lo más importante es comprender que no necesariamente hay que desayunar algo en concreto. Se nos ha dicho muchas veces que el desayuno ideal consiste en cereales + leche + fruta.

No hay una combinación ideal para ello, por lo que el proceso de elección de alimentos debería ser exactamente igual que durante la comida, merienda o cena.

No tenemos constancia de que haya que seguir un perfil

o una pauta diferente durante la mañana. Es cierto que nuestros niveles hormonales varían según la hora del día, debido principalmente a los ritmos circadianos. Entre otras consecuencias, por las mañanas tenemos una mayor tolerancia a la glucosa, pero eso no justifica necesariamente que tengamos que convertir el desayuno en un festín azucarado.

Si el desayuno fuese tan trascendente en nuestro rendimiento diario tendríamos que primar, por tanto, que fuese lo más saludable posible. Paradójicamente, los desayunos en nuestro país destacan por ser abundantes en dulces, bollería, zumos comerciales, leche, cacao en polvo azucarado, galletas, cereales de desayuno... Si es tan importante y trascendente, ¿por qué lo inundamos de opciones insanas y superfluas?

¿POR QUÉ LAS GALLETAS, LOS CEREALES Y LOS ZUMOS NO SON UNA BUENA ALTERNATIVA?

Es un gran ejemplo de alimento que tenemos asumido que hay que tomar, y en realidad no es que sean una genialidad nutricional precisamente.

Los cereales de desayuno están compuestos únicamente por el almidón del grano, desprovisto del salvado y del germen. El resultado es un cereal refinado al que se le suele añadir azúcar extra.

Su interés nutricional, por tanto, es bajo, pero aun así tenemos la impresión de que son una gran elección para empezar el día. Su alto contenido en azúcar se escuda y maquilla con mensajes que afirman que los cereales «son el motor del cerebro», «geniales para arrancar el día» o «la energía que necesitas».

Desgraciadamente, estas afirmaciones no son ciertas. No

son más que eufemismos que fomentan un consumo excesivo basado en una publicidad que los ha posicionado, junto con las galletas, en la elección ideal para empezar el día de nuestros más pequeños.

Si preguntásemos a una familia si le daría de desayunar tortitas o crepes a sus hijos cada día, muy probablemente reconocerían que no es una opción saludable ni adecuada. Los cereales y galletas azucarados poseen una composición muy similar: harina/almidón y azúcar, pero se perciben como opciones más convenientes gracias al trabajo publicitario.

Otras elecciones se han criticado duramente desde nuestro parapeto cultural, incluso a veces de manera condescendiente. En numerosas ocasiones se han oído críticas al desayuno británico, con burlas hacia sus alubias y sus huevos fritos, mientras que aquí desayunábamos azúcar a cucharadas o en forma de dinosaurios.

Tampoco un zumo envasado constituye un pilar necesario en el desayuno ideal. Este producto no sustituye nunca a una pieza de fruta, ya que está desprovisto de la fibra propia de la fruta entera, propicia una subida de azúcar mucho más pronunciada y no desencadena las señales de saciedad que provoca la masticación de la materia prima.

¿Qué podemos desayunar que sea más saludable?

Desde el punto de vista nutricional, podríamos desayunar aquello que nos apeteciera, siempre y cuando fuese coherente con el resto de nuestras ingestas. Pero debemos ser realistas y considerar el aspecto social (un guiso no es lo más ortodoxo). Si no queremos hacer grandes modificaciones respecto a lo convencional, podemos virar hacia opciones más saludables.

Los batidos caseros nos permiten incorporar la pulpa y garantizar que, al menos, los ingredientes que usamos son más saludables. Pueden ser una buena herramienta para variar el desayuno. Si no queremos abandonar la rutina de tomar cereales de desayuno, sería interesante priorizar la avena, que incluso se puede usar como sustituto para otras recetas que tenga como base la harina de trigo.

Los cereales sin azúcar son una mejor alternativa a los convencionales, pero lo ideal es que sean integrales. Incluso algunas mezclas de cereales como el muesli suelen estar azucaradas, por lo que al hacer nuestra elección es imprescindible atender al etiquetado nutricional y a la lista de ingredientes para comprobar ambas cuestiones: que no está azucarado y que el cereal que estamos comprando es integral.

Otras opciones muy recurridas pueden ser las tostadas de cualquier tipo, priorizando, eso sí, que el pan sea integral, o un bol lleno de alimentos saludables, como un yogur natural sin azúcar acompañado de fruta troceada y frutos secos.

Dejar a un lado el desayuno convencional y tan extendido de productos azucarados es un primer paso que nos sitúa en un buen punto de partida. El siguiente es intentar que esta ingesta sea lo más saludable posible, tal como deberíamos hacer con el resto cada día.

Mito 7

«Los hidratos de carbono engordan por la noche»

Acabamos de superar el mito de que nuestras mañanas tienen que ser azucaradas para obtener energía. Hemos visto que no hay ninguna razón que nos empuje a ello.

Desde este punto, vamos a ir al extremo opuesto: al de no consumir nada de hidratos de carbono por la noche.

Según la creencia popular, los hidratos tenían que estar presentes por la mañana para proporcionarnos energía y, siguiendo esta misma línea argumental, parecía tener toda lógica que, por tanto, no aparecieran en la cena. Si tal como nos contaban son una fuente de energía, ¿por qué íbamos a tener que tomarla por la noche cuando ya íbamos a la cama?

¿TOMAR HIDRATOS DE CARBONO ENGORDA?

Por definición, no.

A estas alturas debemos tener claro que la ganancia de peso será una consecuencia de nuestro balance energético. En este supuesto concreto, los hidratos de carbono contribuyen con su energía a proporcionarnos las kilocalorías que nuestro cuerpo usa cada día. De manera que el engordar dependerá principalmente de la cantidad de energía que tomemos; esto implica considerar la ingesta de hidratos de carbono junto al resto de nutrientes energéticos: proteínas y grasas.

Respondiendo directamente al mito: la idea de que su presencia por sí misma contribuye a ganar peso es por definición errónea como punto de partida. Los hidratos de carbono no engordan por sí mismos; un exceso de ellos sí que podría hacerlo, pero también de proteína o de grasa.

QUITAR LOS HIDRATOS DE CARBONO COMO MÉTODO PARA ADELGAZAR

Las dietas que disminuyen la cantidad de hidratos de carbono son una de las distintas estrategias que hay en el adelgazamiento.

No se puede catalogar como mejor o peor, ya que el diseño de una dieta no se puede guiar exclusivamente por la cantidad ni la proporción de sus macronutrientes. Tenemos que tener en cuenta otras cuestiones, como son la motivación, la adherencia, la saciedad, la prevención de enfermedades asociadas, la respuesta individual...; es difícil concluir que un tipo de dieta sea mejor que otro para el adelgazamiento.

El motivo por el que las dietas bajas en hidratos de carbono pueden contribuir a la pérdida de peso es el de que, si están diseñadas correctamente (como cualquier otra dieta de adelgazamiento), pueden ayudar al proceso por ciertos motivos que ocurren de manera más frecuente en estos planes. Debido principalmente a que suelen ser dietas más saciantes y agradables de seguir, podrían favorecer la adherencia a la pauta dietética.

También hay que decir a su favor que, al disminuir la cantidad de hidratos de carbono, podemos notar una pérdida de peso inicial mayor, ya que al consumir nuestras reservas de glucógeno iniciales, solemos perder también peso asociado al agua que ayudaba a almacenar ese glucógeno. Esta pérdida de peso no debería confundirse nunca con pérdida de grasa, por supuesto.

Independientemente del peso que se pierda, que no debe ser nunca el único valor a considerar en un proceso de adelgazamiento, tenemos que valorar que el objetivo debe ir encaminado siempre a la pérdida de grasa, que es el factor de riesgo para nuestra salud. Por tanto, más allá de perder peso, es conveniente iniciar un proceso encaminado hacia una pérdida de grasa corporal. Ese es el escenario a perseguir si se busca un peso saludable.

Las dietas bajas en hidratos son un recurso entre muchos otros. No son la clave ni la estrategia preferente. Lo que determinará realmente la pérdida de peso no será la exclusión o reducción de estos nutrientes en la dieta, sino el alcanzar un balance energético negativo y mantenido en el tiempo. Eso se puede hacer de muchas maneras.

No debemos olvidar que las dietas que criminalizan o desplazan las fuentes de hidratos de carbono muchas veces lo hacen generalizando con todo tipo de alimentos que los contengan. Esto no debe entenderse como sinónimo de una pauta saludable, puesto que como ya hemos visto nuestra alimentación debería estar basada en verduras, hortalizas y frutas.

¿QUÉ SUCEDE CUANDO TOMAMOS LOS HIDRATOS DE CARBONO POR LA NOCHE?

Depende de la situación de partida. El condicionante principal será el estado de nuestras reservas de glucógeno, que es el almacén que tenemos para guardar los hidratos de carbono en nuestro músculo e hígado.

Lo que hay que considerar es que cuando tomamos hidratos de carbono la prioridad inicial es la reposición de este almacén. Solo cuando superemos la capacidad del almacén de glucógeno se dará el acúmulo de grasa a partir de la glucosa circulante.

Es un proceso equiparable al que nos sucede cuando vamos a comprar. Al regresar a casa para ordenar la compra, lo primero que hacemos es rellenar las reservas inmediatas. Nuestra despensa y frigorífico serían esta reserva que hay que reabastecer en primer lugar. Solo si hacemos una gran compra, y con el fin de aprovechar los alimentos, nos plantearemos congelar la comida en exceso. En esta metáfora, almacenar los alimentos en el congelador una vez que la despensa y el frigorífico están llenos sería el equivalente de transformar nuestro exceso de energía en grasa.

Los hidratos de la cena repondrán el glucógeno gastado durante el día en nuestra actividad cotidiana. Es así, siempre y cuando hayamos practicado algo de actividad física durante el día y no lo hayamos repuesto en otras comidas.

Este hecho convierte el estado de reservas en un factor clave para determinar si nuestra cena con hidratos pasará a reponer nuestro glucógeno únicamente o si por el contrario, y en el caso de que sea más abundante, tendremos que almacenarlo también como grasa. Si tomamos un exceso de hidratos con las reservas medio llenas, guardaremos el exceso en grasa, independientemente de que sea por la noche o no.

¿CUÁNTOS HIDRATOS DEBEMOS COMER, POR TANTO?

No hay una cantidad concreta. Ni siquiera es necesario incorporarlos si no queremos. Debemos guiarnos por el sentido común y nuestro apetito.

Si nuestro día ha requerido una suma exigente de energía y por tanto la cantidad de glucógeno restante es baja, tendremos más margen para poder incorporarlos en la cena. En el caso contrario, y si no ha habido mucha exigencia durante el día, hay lógicamente más riesgo de pasarse y caer en un exceso.

Si además tenemos un caso en el que se han tomado otras ingestas ricas en hidratos de carbono, muy probablemente no será necesario incorporar mucha cantidad al final del día, ya que las reservas estarán prácticamente llenas.

La mayoría de las personas en nuestro entorno suelen tener una vida sedentaria. En esta situación no es conveniente tomar cenas copiosas ni abundantes. Aprovechar para incorporar otros grupos de alimentos que suelen escasear más en nuestra dieta es una gran idea, especialmente si consideramos que es un momento del día en el que se puede invertir algo más de tiempo para cocinar.

Podremos empezar a incorporar más cantidad de hidratos de carbono conforme aumentemos nuestra demanda energética a costa de la actividad física que debemos hacer cada día.

TOLERANCIA Y RESPUESTA DE NUESTRO CUERPO

La tolerancia de nuestro cuerpo a los hidratos de carbono varía dependiendo de la hora del día, que condiciona a su vez numerosos niveles hormonales.

Lo hacemos debido al ritmo circadiano de nuestro cuerpo, que modula la actividad hormonal y provoca que no tengamos la misma hambre ni la misma respuesta a los nutrientes durante todo el día.

En el caso de los hidratos de carbono, destaca que no tenemos la misma actividad de insulina durante el día que por la noche. Los sacamos del torrente sanguíneo más rápido durante el día, cuando tenemos mejor tolerancia y respuesta a la insulina. Esto era una de las cosas que nos hacía pensar hace años que es mejor tomarlos a primera hora y evitarlos por la noche.

Pero, verdaderamente, cuando se integran todos los aspectos metabólicos, no se obtienen ventajas al evitar los hidratos de carbono en la cena. Cuando las personas con la misma dieta concentran más cantidad de hidratos por la noche se encuentran al día siguiente con un aumento del gasto energético y menor hambre de partida. Comparándolo, por supuesto, con dietas similares pero que toman los hidratos de carbono durante el día.

Parece, por tanto, que no hay un motivo de peso para evitar los alimentos saludables ricos en hidratos de carbono por la noche.

Más allá de la pauta horaria: la fuente de hidratos

En lugar de centrar tanto la atención en el momento de consumo (mañana, tarde o noche), hemos visto que es más conveniente considerar la situación de partida de cada persona. Pero si tuviéramos que remarcar algo a nivel de salud, sería recordar que lo crucial es que esos hidratos de carbono sean de calidad.

Cuando hablamos de la calidad de una fuente de hidratos de carbono nos solemos referir a ciertos aspectos como:

- Que sea un hidrato de carbono complejo en lugar de simple (polisacáridos frente a monosacáridos).
- Que se encuentre en la matriz de un alimento, no libre.
- Que incluya fibra en la composición.
- Que se acompañe de otros nutrientes que modulen su absorción.

Y, por supuesto, que la ingesta en la que se toma ese alimento sea saludable. No tiene la misma respuesta glucémica ni repercusión para el organismo un arroz blanco que un arroz integral acompañado con una buena ración de verduras. Si tenemos que seleccionar las fuentes prioritarias de hidratos de carbono es tan sencillo como recurrir a aquellos alimentos saludables. Por tanto, debemos facilitar la presencia de verdura, cereales integrales, tubérculos y frutas, en detrimento de harinas refinadas, dulces, bollería y bebidas azucaradas.

Debido a la cantidad de productos refinados y oferta superflua de derivados de cereales que tenemos en nuestro entorno, mucha gente confunde los conceptos «sin cereales» o «sin hidratos» como sinónimos de una dieta saludable. Son situaciones muy distintas y no necesariamente coincidentes.

Al meter todos estos productos en el mismo saco, solemos tender a criminalizarlos a todos por igual. Una realidad que ha provocado también que muchas personas hayan escuchado el mensaje de que es conveniente quitar de la dieta todo tipo de cereales o de hidratos de carbono.

Cuando la gente retira este tipo de alimentos y obtiene mejoras en el peso, es más probable que se deba a dejar de tomar productos derivados o ultraprocesados. La avena o los cereales integrales no deben ser culpables del hecho de que tengamos un exceso de galletas, dulces y harinas en los supermercados.

En definitiva, vale más la pena centrar nuestra atención en qué tipos de hidratos de carbono estamos comiendo que en preocuparnos de la cuestión horaria. Una vez que tengamos esta pauta resuelta, podremos personalizar nuestra situación con el cuándo y cómo tomarlos.

Mito 8

«Debemos comer cinco veces al día»

Es una de las pautas dietéticas más extendidas que conoce la gente y uno de esos mensajes inocentes que ha calado enormemente en la ciudadanía.

El «Hay que hacer cinco comidas al día» es un ejemplo de cómo los mensajes claros y contundentes pueden ser muy eficaces para que la población los tenga de guía en su rutina diaria. Parece ser que el número cinco está íntimamente ligado al mundo de la nutrición casi sin pretenderlo, también por aquello de las cinco raciones de frutas y verduras diarias.

Pero hasta los mensajes más sencillos tienen matizaciones y dudas que surgen a su alrededor:

- ¿Pasa algo si no como cinco veces al día?
- ¿Es más sano que tomar solo tres comidas?
- ¿Hay alguna de esas cinco que deba ser mayor en volumen?
- ¿Existe una de esas ingestas que sea imprescindible?
- ¿Por qué nos centramos tanto en el número de comidas en lugar de en lo que contienen?

Si surgen estas dudas es porque el mensaje no se está transmitiendo de manera cristalina. Pasa igual con la pauta de las frutas y las verduras:

- ¿Son cinco frutas y cinco verduras por separado? ¿Las dos combinadas?
- ¿Hablamos de raciones o de piezas?
- ¿Qué es una ración? ¿Todas las piezas cuentan igual?
- ¿Si las cocino dejan de contar? ¿Tengo que tomar alguna de ellas en crudo?
- ¿Una compota de manzana cuenta? ¿Y un zumo?

Hasta lo más sencillo necesita su explicación para que no se malinterprete.

¿CUÁNTAS VECES DEBERÍAMOS COMER AL DÍA?

Siendo sinceros, y considerando muchos y diferentes factores, no podemos decir que haya un número concreto de comidas que sea mejor que otro.

Habría que empezar con una consideración muy clara: el número de ingestas es algo secundario, puesto que va a importar mucho más qué comemos que cómo lo repartimos. Quizá suena decepcionante, pero si reflexionamos podremos darnos cuenta de que el número de ingestas no es lo primordial.

¿Cuál es el número ideal de disparos a puerta que hay que hacer para ganar un partido de fútbol? No se sabe. Depende de la calidad.

Tampoco podremos sacar deducciones precipitadas como «Cuanto más cerca mejor» o «Cuantos más lanzamientos mejor», porque es probable que no lleguemos nunca a esas posiciones o que desperdiciemos nuestra posesión.

En nutrición se ha llegado a conclusiones muy precipitadas en este sentido.

También cabría preguntarse a qué nos referimos con mejor.

El número y tipo de comidas para no ganar peso es diferente del necesario para tratar una patología. Quizá con nuestra pauta queremos facilitar la saciedad. O puede que estemos buscando reducir la ansiedad de una persona. ¿Sus horarios se lo permiten? ¿Va a tener una opción saludable a su alrededor a media mañana o a la hora de la merienda?

Si ni siquiera tenemos la certeza de que, fisiológicamente, un número de comidas sea mejor que otro, mucho menos si consideramos además aspectos sociales, culturales y psicológicos.

Patologías o situaciones concretas como puede ser un avituallamiento deportivo, situaciones perientrenamiento, perioperatorios y tratamiento de patologías sí que pueden tener unos protocolos más fáciles de definir, porque muchas de las variables están controladas.

Recomendar un número de comidas diarias concreto es un ejercicio que requiere integrar muchos datos diferentes. No podemos tener la soberbia de afirmar de inicio que un número concreto es el ideal para toda la población.

¿ES MEJOR COMER CINCO VECES AL DÍA QUE TRES?

Los estudios que se han hecho al respecto no muestran claros beneficios de las cinco comidas al día frente a tres o cuatro. Existen conclusiones a favor y en contra, lo que genera bastante controversia al respecto.

Esto resta motivos para convertir las cinco comidas en un dogma a seguir sí o sí. No parece por tanto responsable transmitirlo como pauta aislada, y mucho menos dándole más importancia y priorizándolo frente a otras cuestiones más determinantes en la salud, como son la elección de alimentos y la calidad de la dieta.

El simple hecho de hacer cinco comidas al día o de repartir tu misma comida durante más ingestas no es una garantía de éxito, pero sí que podría ayudar a evitar otras situaciones y factores que intervienen en salud. En definitiva, si te viene bien para mantener una dieta saludable, será una buena pauta; pero si es un impedimento o te fuerza a ello, no lo apliques.

Mirándolo desde el punto de vista fisiológico, parece que seis o siete ingestas son quizá demasiado hormonalmente, lo que puede acostumbrar mal al cuerpo a recurrir a nuestras reservas de manera eficiente.

Antes se recomendaba comer muchas veces durante el día; ahora nos alejamos de esa tendencia, y se está viendo incluso que hacer pequeñas restricciones calóricas, o simplemente estar un tiempo más prolongado sin comer, podría ser beneficioso a nivel de salud.

Pasa como con la actividad física. Si no hay un estímulo, no hay un cambio. Es muy complicado que nuestro cuerpo esté predispuesto a recurrir a nuestras reservas comiendo cada dos o tres horas productos ultraprocesados.

Hablamos de introducir cambios en cuándo comemos que al menos hagan que el cuerpo exprese sus rutas de movilización de grasa. Lo que viene siendo forzar un poco la maquinaria para que tire de reservas (sin llegar a recurrir al músculo), haya adaptación y el organismo tenga esos otros estímulos.

El ayuno intermitente es una tendencia creciente que está ganando bastante atención durante los últimos años por sus interesantes resultados a nivel bioquímico, pero debe estudiarse con más precisión para predecir cómo se puede comportar la gente que esté siguiendo esta pauta.

De nuevo, vuelve a ser complicado predecir cómo va a actuar la gente y cómo va a interpretar el mensaje.

OTROS FACTORES: HORARIOS Y DESCANSO

El hecho de que no haya un número de comidas ideal y tengamos que desterrar por tanto la idea de que cinco es el número perfecto, no justifica desatender otras cuestiones como el horario o el *timing* de nuestras ingestas.

El horario de nuestras comidas influye en cómo responde nuestro cuerpo ante diferentes alimentos. Sabemos que toleramos mejor los hidratos de carbono por las mañanas, al igual que retrasar las horas de la comida principal del día predispone a una mayor ganancia de peso. En el capítulo anterior vimos también cómo cambiando la distribución de los macronutrientes de la cena podemos desencadenar cambios en nuestro gasto energético y saciedad al día siguiente.

También somos conocedores de que las personas que descansan poco y duermen menos horas gastan menos energía al día siguiente, lo cual predispone al sobrepeso. Dormir poco nos aletarga. Descansar bien es clave para gastar la suficiente energía al día siguiente. Más paradojas de la nutrición y el gasto energético.

¿POR QUÉ SE HA HECHO TANTO HINCAPIÉ EN QUE COMAMOS CINCO VECES AL DÍA?

Parecía una buena idea de inicio, bajo una justificación que parecía tener sentido: se creía que cinco comidas al día sería mejor a nivel hormonal.

La hipótesis de partida suponía que repartiendo nuestra ingesta dietética en varias comidas produciríamos menores elevaciones de glucemia después de comer, y que esto a su vez evitaría una respuesta hormonal más descontrolada y por tanto no almacenaríamos (supuestamente) tanta energía en forma de grasa.

Una buena idea que empezó a trasladarse a la población sin haber medido su repercusión real y con un problema principal: ¡se centraba solo en una hormona o ruta fisiológica, el azúcar, y su repercusión en la insulina y el glucagón!

Esto implicaba olvidar las consecuencias en cuanto a la saciedad, el gasto energético derivado, la tolerancia a la glucosa o la adherencia a la pauta, entre otras cosas.

Pero el mayor error fue el mismo que se ha dado muchas otras veces en nutrición: dar la pauta sin haberla comprobado antes en la población. No sabíamos cómo se iban a comportar las personas. ¿Pasaría igual que como vimos en el capítulo 1 y 2, que la gente que comía desnatados acababa comiendo más durante el día?

¿ARMA DE DOBLE FILO? ¿QUÉ COME LA GENTE ENTRE HORAS?

Cuando comemos en más ocasiones durante el día nos surge un arma de doble filo: puede ser una oportunidad o una amenaza. ¿De qué va a depender? Del ambiente alimentario que nos rodea y de las elecciones de alimentos que hagamos.

Introducir ingestas a media mañana y en la merienda puede ser muy útil para evitar llegar con hambre a la cena o al almuerzo, por lo que seguir un plan de alimentación saludable, a priori, puede resultar más que útil. Siempre se ha considerado estas cinco comidas al día como una pauta aliada, ya que permite evitar esos momentos de ansiedad por comer que solemos experimentar si han pasado más horas desde la última ingesta. Lo que se dice evitar llegar con hambre.

Por otro lado, esta pauta se puede convertir en un problema si esos tentempiés los hacemos en un lugar donde no controlamos la elección de alimentos (cafeterías, casas ajenas, la calle...) y somos más susceptibles de tomar una peor decisión a la hora de escoger alimentos. Poniendo un ejemplo: tu dieta no va a mejorar por que añadas unas galletas a media mañana y un cruasán de merienda.

A esto hay que añadir la gran presión comercial que ejerce la industria del desayuno, de los *snacks* y del picoteo para que no pasemos varias horas sin comer. Estos productos son realmente rentables para las empresas de alimentación, debido a los márgenes de beneficio que tienen: son opciones muy baratas en materia prima, pero caras para el consumidor, que paga comodidad y envasado.

Y eso es precisamente lo que abunda en nuestro entorno obesogénico. Ya hemos visto en el capítulo 6 que se ha priorizado el desayunar (sea lo que sea), y tenemos la certeza además de que la gente, cuando come entre horas, no lo hace de una manera saludable, suele tender a elegir alimentos superfluos y con poca densidad nutricional. No sabemos qué parte es responsabilidad del entorno y qué parte nos corresponde a nosotros, pero lo que está claro es que fomentar el comer entre horas o el *snacking* tiende a que las personas picoteen de manera superflua.

¿CÓMO SE DEBERÍA HABER TRANSMITIDO LA PAUTA EN SU LUGAR?

Centrándose en lo que se quiere evitar y no en las consecuencias derivadas.

Si mediante la pauta «Come cinco veces al día» lo que se quería era evitar grandes subidas en la glucemia y en la lipemia tras las comidas, el consejo habría tenido que ir encaminado a eso precisamente, y no al factor que creemos que lo causa.

Por poner un ejemplo práctico en consulta dietética: no le preguntes a los pacientes el estado civil si lo que te interesa es saber si prepara la comida o si come acompañado.

Suponer que el estar casado o soltero explica que otra persona te prepare la comida o vas a comer en compañía es mucha deducción.

Al igual que lo era asumir que comer cinco veces al día evitaría subidas de glucemia y lipemia, especialmente si la gente merienda bollería y batidos.

Hay motivos suficientes que nos muestran que es importante minimizar estos cambios bruscos, por lo que, en este sentido, más allá de centrarnos en un número exacto, la conclusión a sacar es que lo que resulta realmente importante es no alcanzar grandes picos de azúcar ni grasa en sangre.

Quizá habría sido mucho más sencillo y certero decir:

- No comas una vez que estés saciado.
- Evita los atracones.
- Si te entra hambre entre horas, come solo si es algo saludable.

Mito 9

«Cuidado con el colesterol»

¿Se imaginan que una de las moléculas más perseguidas en la historia reciente de la Nutrición no fuera tan mala como la pintan? ¿Es posible que se haya creado una burbuja alrededor del colesterol y que las recomendaciones actuales pudieran estar equivocadas?

¿Es perjudicial en sí mismo el colesterol?

El colesterol es una sustancia de naturaleza grasa y animal. Todas las células animales tienen en su composición colesterol, por lo que la única manera de no encontrar colesterol en la alimentación es no consumir células de origen animal.

Hay que entender, ante todo, que el colesterol en sí no es una molécula perjudicial; de hecho, es fundamental para nuestro organismo. Ejerce funciones básicas para mantener la fluidez de nuestras membranas celulares, lo usamos en la síntesis de nuestras hormonas o para segregar nuestra bilis.

Es decir, por sí mismo no es malo. El problema para la salud viene cuando lo tenemos por exceso o por defecto.

Ambas situaciones están vinculadas a patologías metabólicas y por eso se ha llamado tanto la atención al respecto.

COLESTEROL Y ENFERMEDADES CARDIOVASCULARES

Dentro de las enfermedades cardiovasculares relacionadas con el tema que nos trae a colación, destaca la aterosclerosis. Esta enfermedad, en resumidas cuentas, conlleva la acumulación de grasa y otras células en la pared arterial, lo que produce un engrosamiento que posteriormente se transformará en placas de ateroma. Estas placas estrechan los vasos sanguíneos y contribuyen a su mal funcionamiento.

El colesterol no puede ir «suelto» en la sangre, ya que es una sustancia grasa que no se disolvería en ella. Por eso va transportado por las arterias unido a una lipoproteína. El conocido como colesterol malo es un tipo de lipoproteína de baja densidad (LDL). Estas moléculas en exceso podrían llegar a acumularse en la pared de los vasos sanguíneos, donde no se encuentran protegidas por los antioxidantes de la sangre. De esta manera se encuentran «abandonadas», y esto propicia la oxidación de sus componentes grasos. Esta oxidación es la que inicia el proceso aterosclerótico.

Este mecanismo acusaba como gran culpable al LDL, sin importar mucho más otros factores de la propia persona. Durante mucho tiempo nos centramos en la cantidad de esa molécula en sangre y no, por ejemplo, en los niveles de antioxidantes sanguíneos, el daño en la pared vascular, el factor de necrosis tumoral (TNF-α) o la hemoglobina glicosilada.

En definitiva, hemos estado más preocupados por cuánto colesterol teníamos en lugar de averiguar cuál era nuestro riesgo cardiovascular real.

La actual pauta que invita a mantener el colesterol por debajo de 200 mg/dl es irresponsable si no se tienen en cuenta otros factores de riesgo mucho más robustos. Pero especialmente se vuelve poco adecuada si sostiene recomendaciones sin justificación alguna.

ERROR 1: ¿HAY QUE TOMAR MENOS COLESTEROL?

La pauta de reducir el colesterol dietético para hacer frente a nuestro colesterol sanguíneo no solo es muy limitada, sino que ha podido ser hasta contraproducente.

Es importante saber que el colesterol de nuestra dieta no afecta en gran medida al colesterol sanguíneo. Importa mucho más la síntesis que hace nuestro propio cuerpo. Y este colesterol que sintetizamos depende mucho más de nuestra genética y de nuestra dieta, concretamente de la calidad de la grasa y el azúcar que tomamos, no solo del colesterol que estamos ingiriendo.

En este sentido, ha sido un gran error criminalizar alimentos por su alto contenido en colesterol. Concretamente, hay dos ejemplos muy atacados de manera injusta por esta pauta: hablamos de los huevos y del marisco.

Ambos alimentos son muy ricos en esta sustancia, especialmente el huevo en la fracción de la yema, lo que los convirtió en enemigos de la moda anticolesterol. Fueron apartados y duramente criticados en cualquier dieta de riesgo cardiovascular, por supuesto, basada solo en hipótesis sin probar.

Hoy en día sabemos que los huevos no solo no aumentan el riesgo cardiovascular, sino que pueden ser una gran alternativa para tratar los problemas derivados y los factores de riesgo de estas enfermedades. Lo mismo sucede con el marisco, puesto que la calidad de su grasa no lo convierte en un alimento peligroso, especialmente si consideramos que es de consumo ocasional para la mayoría de la población.

No ha sido hasta hace relativamente poco cuando se ha hecho una verdadera rectificación pública y se empieza a reconocer que centrar toda la atención en el colesterol estaba injustificado.

ERROR 2: ANIMAL CONTRA VEGETAL

El origen animal del colesterol propició una cruzada frente a los productos animales en las dietas que pretendían controlarlo.

«Como el colesterol está en todos los productos animales, deberemos limitarlos para ingerir menos.» Esa era la idea.

Es cierto que una dieta basada en vegetales y abundante en frutas, verduras, hortalizas, frutos secos y legumbres es de gran ayuda para reducir el riesgo cardiovascular, de diabetes e hipertensión. Pero al priorizar el origen en lugar de los alimentos concretos, surgieron muchas alternativas vegetales que querían sumarse al carro de lo saludable sin serlo realmente.

Hablamos de las galletas, las margarinas o los productos lácteos que se anunciaban como saludables por tener en su composición grasas de origen vegetal únicamente. Otro ejercicio de nutricionismo que no consideraba las enormes proporciones de harina, grasas hidrogenadas o azúcar que tenían muchas de esas opciones. De nuevo, la oferta de productos que había en el mercado no ayudaba realmente a combatir el problema de salud.

Nos hemos atiborrado de galletas con fibra a la vez que desaconsejábamos materias primas como el huevo por temor a su contenido en colesterol. Error muy grave.

Esta pauta de primar lo vegetal tampoco distinguía entre

los potenciales alimentos de origen animal que ayudan a reducir el riesgo cardiovascular. Hablamos, principalmente, del pescado azul, que destaca por su alto contenido en ácidos grasos de la serie omega-3.

Era muy complicado decirle a la gente que tomase sardinas y boquerones, productos animales con colesterol, mientras que nos vertían anuncios de preparados lácteos y margarinas, productos vegetales «mejorados».

Nuestras latas, conservas y salsas se llenaron de menciones a sus aceites vegetales, a pesar de que eran productos de muy mala calidad.

En resumen: un alimento puede ser de origen animal, tener colesterol y ser saludable: el pescado azul. Mientras que otro puede ser vegetal, exento de colesterol y no saludable: la bollería o los dulces.

ERROR 3: EL TIPO DE GRASA COMO OBJETIVO PRINCIPAL

El colesterol no ha sido el único nutriente que ha recibido una injusta mala fama. Cuando se descubrió que el tipo de grasa era fundamental en su tratamiento, vinieron las generalizaciones a la hora de recomendar y prohibir grasas.

Todo indicaba que las grasas insaturadas eran cardioprotectoras, mientras que las saturadas aumentaban el riesgo de padecer enfermedades cardiovasculares. Llegaron a hacerse recomendaciones de un porcentaje concreto de ácidos grasos para la dieta. Dentro de ese 30 % de energía que debían representar las grasas en nuestra dieta, se recomendaba que la distribución fuese:

15 % de ácidos grasos monoinsaturadas;
8-10 % de ácidos grasos poliinsaturados;
5-7 % de ácidos grasos saturados.

De nuevo una pauta bienintencionada pero que asumía que todos los ácidos grasos de esa clasificación son iguales. El error es que no tenía en cuenta cuestiones tan cruciales como que no todos los ácidos grasos saturados elevan el riesgo cardiovascular o que no todos los ácidos grasos poliinsaturados son tan recomendables como pensábamos (muchos pueden llegar a ser proinflamatorios).

Con estas nuevas normas de juego, volvimos a tener una oferta de productos en nuestros supermercados para calmar nuestras inquietudes: leches desnatadas, margarinas y galletas con aceites poliinsaturados pero saludables.

Uno de los recursos más utilizados era usar aceite de girasol (poliinsaturado) u otros de semillas vegetales, como maíz o soja, para hacerlos pasar como saludables, independientemente de su estado de oxidación.

Una vez más, la evidencia nos empuja para no centrarnos en ninguno de los tres pasos intermedios:

No era una buena idea fijarse en el colesterol como molécula.

El enfoque de animal contra vegetal era muy malinterpretable en este campo.

No se puede meter todos los tipos de grasa en un mismo saco.

¿Quiénes son los verdaderos culpables?

Hay alimentos y sustancias que influyen mucho más en la salud cardiovascular que el colesterol y las grasas saturadas.

Si hubiésemos tenido que priorizar algún aspecto en la composición y el etiquetado de los alimentos, las grasas trans habrían sido un objetivo claro. A día de hoy, son las sustancias de origen lipídico más relacionadas con problemas en nuestra salud.

Predisponen a un mayor número de enfermedades cardiovasculares, facilitan algunos cánceres o la aparición de diabetes tipo 2. No solo suben el colesterol LDL (conocido vulgarmente como colesterol malo); también bajan el HDL (colesterol bueno). Además hacen que esas proteínas que transportan grasa y colesterol en sangre (LDL y HDL) sean más oxidables, lo que favorece la aterosclerosis.

Es muy común encontrar grasas trans en productos como bollería industrial, comida para llevar, cremas preparadas o liofilizadas, gran parte de la comida rápida o *fast food*, *snacks* (galletas o pasteles), palomitas de maíz para el microondas, pastelería, patatas fritas de bolsa u otros aperitivos similares, pizzas congeladas, postres, helados y precocinados ultraprocesados como empanados, croquetas, etc.

Desgraciadamente, no es obligatorio señalar su cantidad en el etiquetado nutricional. La Unión Europea (UE) solo lo tiene regulado para lactantes, cuyos alimentos no pueden contener un nivel de ácidos grasos trans superior al 3 % del contenido total de materia grasa del producto.

En Europa, solo Dinamarca, Austria, Suiza e Islandia han desarrollado una legislación que ha obligado a la industria a limitar al 2 % la cantidad de grasa trans utilizada en todos los productos.

En toda esta corriente colesterofóbica se han hecho muy pocas llamadas de atención hacia el azúcar o los productos refinados. Hoy sabemos que son un riesgo que nos acerca al sobrepeso, al almacenamiento de grasa visceral, a la resistencia a la insulina... y con ello a enfermedades crónicas y cardiovasculares.

CENTRAR LA ATENCIÓN EN LO QUE NO IMPORTA

En el tratamiento de las patologías cardiovasculares, existe una terapia farmacológica y una no farmacológica.

Uno de los grandes errores o «crímenes» que se ha cometido hasta la fecha es entender que el riesgo cardiovascular debería tratarse principalmente desde la farmacología y no desde la promoción de la actividad física y una dieta saludable.

Estas pautas incluyen recomendaciones como la pérdida de peso y la actividad física regular (incluso andar), además de señalar factores de riesgo, como el estrés o el tabaquismo.

Intentar solucionar un problema de salud derivado de un comportamiento irresponsable (sedentarismo y dieta poco saludable) desde la farmacología es un error. Especialmente para una sociedad medicalizada en la que la prescripción de las estatinas se ha hecho demasiado a la ligera.

Los fármacos para el control del colesterol sanguíneo son el eje del tratamiento de esta sintomatología; año tras año se han ido prescribiendo a niveles menores, pero la promoción y prevención de esta situación ha brillado por su ausencia.

Paradójicamente, las personas que están tomando estas pastillas parecen comer peor, debido al efecto de externalizar la culpa. Ya saben, el típico «Si ya me estoy tomando la pastilla, me estoy tratando» que tan inconscientemente ronda en la mente de algunos.

Un enfoque caduco y alejado de la verdadera salud de las personas.

Eso sí, nuestros presentadores de televisión y el seleccionador nacional aparecen en los medios de comunicación para alertarnos del peligro del colesterol. Por supuesto, para corregirlo a base de comprar productos funcionales, no de cambiar nuestros hábitos.

Mito 10

Tan sencillo como comprar pan integral

El acto de ir a comprar pan integral es una aventura en sí misma. Aunque siendo sinceros, deberíamos decir que es una aventura abocada al fracaso. Porque no es tan sencillo como adquirir cualquiera de esos productos «integrales» que inundan las estanterías de nuestros supermercados, a los que mejor deberíamos llamar «productos que dicen ser integrales».

Compramos productos integrales porque creemos que son más sanos para nosotros, pero ¿realmente compramos pan integral o nos la están colando?

¿POR QUÉ EL PAN INTEGRAL ES MÁS SANO?

Un cereal tiene tres partes principalmente: el salvado, el germen y el endospermo o grano. Cuando lo refinamos le quitamos el salvado y el germen; eso conlleva desproveerlo de fibra, minerales y vitaminas.

Usar el grano entero implica conservar más nutrientes y componentes que si lo refinamos. Cualquier cereal integral es más completo, por tanto, que su versión refinada.

A un cereal blanco le queda únicamente almidón y algo de proteína. Si lo tomáramos integral, no solo incorporaríamos más nutrientes, sino que además implicaría diversas respuestas más convenientes para nuestro organismo. Entre otras:

- Nos saciaría más.
- No se elevaría tanto el azúcar en sangre; se amortigua la glucemia.
- Reduciría el tiempo que otros compuestos indeseables están en contacto con el organismo.

¿DEBEMOS CONSUMIR MÁS CEREALES INTEGRALES?

Lo primero es que no habría que fomentar necesariamente el comer más cereales por el hecho de que sean integrales. Ya comemos suficiente cereal en España como para fomentar aún más su consumo con una pauta que pueda malinterpretarse.

Nuestra dieta es demasiado abundante en cereales refinados: al margen de los dulces, abundan las pastas y los arroces. Si hablamos concretamente del pan, en su mayoría es blanco y, por si fuera poco, los productos que suelen acompañar a un bocadillo son en su mayoría embutidos.

Si analizamos otros alimentos de esta misma familia, ya vimos en el capítulo 6 cómo la mayoría de los cereales tomados en el desayuno son azucarados. Recordamos también que al lado de un tazón de cereales de desayuno suele haber otros productos con azúcar.

Siendo responsables y teniendo en cuenta todas estas cuestiones, no es recomendable aumentar el consumo total de cereales, sí fomentar las versiones integrales.

Que nadie cambie su fruta de media mañana por una pulga o un sándwich integral si va a ser de embutido. Lo ideal sería sustituir aquellos cereales refinados que tomamos por los integrales. No obstante, para personas con patologías intestinales, digestiones pesadas o directamente para los que les sientan mal, es mejor no forzar su consumo.

¿Es perjudicial el trigo o el gluten para la salud?

Realmente, la mala fama del trigo tiene en parte una justificación adaptativa: nuestro organismo no digiere correctamente este tipo de cereal. Esta es una hipótesis que está en estudio todavía. Pero lo que sí parece comprobado es que no todo el mundo responde de la misma manera ante su consumo.

Ahora están surgiendo investigaciones sobre la sensibilidad al gluten no celiaca. Son personas que no tienen celiaquía, pero que cuando les retiran el gluten de la dieta mejora su salud. Por el momento, estos estudios se basan un poco en la técnica del ensayo-error, y la pauta debe comprobar la tolerancia individual.

Es importante considerar que el hecho de que a algunas personas les proporcione buenos resultados dejar de consumir trigo no justifica que todo el mundo lo tenga que dejar. Especialmente en una sociedad donde los cereales tienen una presencia tan culturalmente fuerte.

Además, hay que considerar que gran parte de esas mejorías de salud al dejar el trigo o gluten en personas no celiacas pueden provenir más probablemente del hecho de dejar de consumir sus subproductos y ultraprocesados.

No es extraño obtener mejores marcadores de salud cuando alguien deja de consumir cereales de desayuno, pastas y harinas refinadas, dulces, pan de molde, pan blanco...

Y por supuesto, no hay que olvidar los intereses comerciales que hay detrás de todo ello, especialmente ahora que también irrumpe la moda del *gluten free*, todo sin gluten como sinónimo de saludable. En ocasiones, esta tendencia confunde a la población al anunciar «fruta sin gluten» o «sal sin gluten», productos que no poseen esta proteína en su composición.

¿POR QUÉ NOS GUSTAN MÁS LOS CEREALES REFINADOS?

Porque es casi todo almidón, más dulce, en definitiva.

Nuestro paladar está acostumbrado a sabores dulces por la oferta de la industria alimentaria que nos rodea, por lo que luego nos llaman menos la atención los sabores convencionales.

También porque somos algo perezosos y nadie se imagina a niños o adolescentes tomando productos integrales. Podríamos pensar que eso no es para niños. Pero no hay ningún motivo para no dárselos, sino muchas razones de peso para hacerlo. Los cereales integrales se pueden intercalar e introducir paulatinamente en la dieta de los niños. Alternarlos con los refinados para que se vayan acostumbrando es una muy buena manera de empezar.

Existen en España ciertas organizaciones como «Pan cada día» que como su propio nombre indica pretenden promover el consumo de este alimento. El pan es un alimento que se puede incorporar en nuestra dieta, pero hay que considerar que hay muchas mejores fuentes de hidratos de carbono. La densidad nutricional del pan es bastante escasa: mucho almidón y pocos nutrientes asociados; prácticamente es harina.

Eso no quiere decir que haya que desterrarlo necesariamente de nuestra dieta; debe ser más una elección personal.

No consideremos que es un veneno blanco como se dice a veces, pero entendamos que cuanto menos mejor. Es preferible tomar otros alimentos al lado de nuestra comida o cena. Si se quiere usar el pan como recurso para los momentos entre horas, prioricemos siempre las versiones integrales.

¿COMPRAR INTEGRAL ES COMPRAR ALIMENTOS «CON FIBRA»?

No, porque esa es una llamada de atención que garantiza poco.

La lógica y el sentido común nos dice que un alimento integral debería estar 100 % constituido por una harina o un cereal que sea integral. Eso no sucede en nuestro entorno, puesto que la mención «integral» tiene a sus espaldas ejemplos de un mal uso.

Si vemos cualquier declaración referente a la fibra en el etiquetado, tendremos ante nuestros ojos un alimento que con casi total seguridad no sea integral. Precisamente es el truco que usa el etiquetado engañoso para colárnosla. Sucede de manera parecida cuando vemos la mención «Con aceite de oliva» a secas, sin las adiciones «virgen» o «virgen extra». En estos ejemplos, seguro que no es virgen extra, porque si no, lo diría y lo resaltaría.

En este caso concreto, las declaraciones nutricionales sobre la fibra deben cumplir alguno de los dos siguientes supuestos:

- Lo que quiere decir «fuente de fibra» es que ese alimento tiene un contenido en fibra de 3 g por cada 100 g de producto.
- Si dice «alto contenido de fibra» garantiza el doble, al menos 6 g de fibra por 100 g de producto.

102 MI DIETA COJEA

En estas declaraciones está muy claro el requisito, pero cuando entramos en el terreno de lo integral la cosa se complica, pues resulta demasiado común la práctica de mezclar harinas refinadas e integrales en distintos porcentajes.

Holanda, por ejemplo, solo permite llamar a un pan integral si tiene al menos la mitad de su harina integral. Alemania lo hace mejor y exige un 90 % para el pan y un 100 % para la pasta.

¿Y EN ESPAÑA? ¿HAY QUE USAR ALGÚN PORCENTAJE CONCRETO PARA QUE ALGO SEA INTEGRAL?

No. De hecho, se puede dar el caso de barras de pan «integrales» con un 0 % de harina integral. Toda ella es refinada, pero luego le añaden salvado (del que se desproveyó al grano al principio) y así le aumentan la fibra. Obviamente, el efecto fisiológico no es el mismo, ni, por supuesto, la cantidad total de fibra que acaba teniendo el pan.

Podríamos decir que en España la tónica generalizada es considerar integral cualquier alimento que tenga las menciones «fuente de fibra» o «alto contenido en fibra», aunque sea añadida con posterioridad. Estados Unidos tampoco lo hace muy bien: les basta con que el ingrediente mayoritario del producto sea la harina integral, independientemente del porcentaje total que represente.

¿EN QUÉ ALIMENTOS ES MÁS FÁCIL QUE SUCEDA ESTE ENGAÑO?

En aquellos que utilizan las harinas o las sémolas como ingrediente.

El motivo es sencillo: si usas el cereal entero, sin moler, se nota y no le puedes adicionar salvado, ya que nos daríamos cuenta al encontrarse este suelto en la bolsa.

El arroz, por ejemplo, es más fácil encontrarlo integral 100 %, ya que se comercializa el grano como producto y no le pueden añadir el salvado al propio grano. Es fácil percibirlo. Cuando se puede añadir la fibra de una manera menos perceptible es cuando la harina se usa como un ingrediente. Por eso la práctica más extendida se da en galletas, cereales de desayuno y panes.

El problema no es solo que nos venden un alimento como más sano de lo que creemos, sino que, creyendo que beneficiará a nuestra salud, en muchas ocasiones estamos adquiriendo un producto muy poco recomendable.

Los ejemplos más claros e ilustrativos son las galletas con fibra, un producto que es principalmente harina con azúcar, pero que socialmente se percibe como un alimento completo, especial para niños y con el que se debe empezar el día. A esto se le añade el que la gente lee el mensaje de que lleva fibra en el paquete y se lanza a por ellas creyendo que son saludables.

Dentro de la transformación del producto, además de añadir fibra, resulta común incluir grasas de baja calidad, azúcar, sal o jarabe de glucosa. En definitiva, otra práctica del nutricionismo que destaca la presencia de un compuesto (fibra) y obvia el conjunto del alimento, que no es nada recomendable.

¿CÓMO PODEMOS IDENTIFICAR UN PRODUCTO INTEGRAL DE VERDAD?

Deberíamos ignorar las declaraciones de «rico en fibra» o «integral» que aparecen en los envases e irnos directamente a mirar los ingredientes. Ni siquiera a la tabla nutricional, ya que allí no encontraremos los nutrientes y podríamos despistarnos con el contenido en fibra.

En el listado de ingredientes deberíamos poder identificar el origen de las harinas de nuestro producto. Lo crucial es que en el primer ingrediente ponga «integral» o «de grano entero», independientemente del cereal que sea.

Si el principal ingrediente no es harina o sémola integral, el producto nos está indicando que es refinado. Volvemos a la máxima anterior: si fuese integral lo diría.

PANES HECHOS DE OTROS CEREALES DIFERENTES AL TRIGO

Suelen ser más interesantes nutricionalmente, porque incluyen otros ingredientes más completos: semillas, algún fruto seco..., pero no son garantía de ser opciones geniales ni saludables.

En los panes es imprescindible mirar los ingredientes para descubrir el orden y proporción que cada cereal representa en la formulación. Acudir al listado de ingredientes sigue siendo la única manera de conocer los diferentes porcentajes que conforman el producto. Muchos panes suelen anunciarse como «de avena», «de centeno» o «multicereales», pero solo consultando la etiqueta sabremos cuánto de cada uno de estos ingredientes hay en ellos.

Esta práctica es muy común, por ejemplo, con el pan de centeno, el cual muchas veces está compuesto por un porcentaje muy bajo, alrededor del 20 % de centeno y un 80 % de trigo.

Tampoco debemos olvidar que esos otros cereales deberían ser también integrales para poder considerarse opciones completamente saludables. Con la excusa de usar un cereal distinto al trigo (avena o centeno), se «olvida» incluir la versión integral. Es muy común encontrar panes de centeno y avena con un porcentaje aceptable, pero refinados.

El hecho de tener tres, cinco o siete cereales no compensa la realidad de que al fin y al cabo son cereales refinados.

Tampoco debemos dejarnos llevar por el color de los panes. Es un primer paso, pero tan solo un indicio; digamos que es una condición necesaria pero no suficiente: un pan integral siempre será más marrón.

Pero no necesariamente un pan marrón será siempre integral.

Esto se debe a que hay harinas más oscuras que otras, y a veces para colorearlo basta con adicionar las motas del salvado, melazas que son más pardas o mezclarlo con alguna harina como la de centeno, mucho más marrón que el trigo.

La única garantía es leer, como hemos dicho antes, que el ingrediente usado es harina o sémola integral.

CONSEJO FINAL

Si en el sitio habitual de compra no existe el pan integral, o en el caso de que lo haya tiene un porcentaje muy bajo, se puede encargar en muchas panaderías tradicionales. Hay que poner en conocimiento del establecimiento que queremos un pan que se ajuste a nuestras necesidades.

Normalmente, las panaderías están abiertas a encargos de este tipo si somos clientes habituales y lo solicitamos con tiempo. Podemos pedir un pan 100 % integral o incluso que lleve a nuestro gusto otros cereales o semillas.

Es una inversión de tiempo que vale la pena para disfrutar de un buen pan, que además se conserva y mantiene sus propiedades durante mucho más tiempo.

Mito 11

«Es necesario tomar leche»

La leche es uno de los alimentos que más polémica conlleva en dietética. Prácticamente, divide a los profesionales de la salud y la alimentación entre amantes y detractores de los lácteos. Pero como no todo es blanco ni negro, este capítulo va a repasar los matices de los ataques y las defensas a ultranza que se emiten sobre ella.

La leche es un alimento bastante peculiar en sí mismo; es de los pocos que contiene cantidades reseñables de todos los macronutrientes. Esto es lógico si se piensa en la función que tiene: la leche debe abastecer de alimento al ternero en las primeras etapas de la vida, por lo que debe ser un alimento completo en general.

Cabe destacar lo del ternero, porque la leche, entendida como tal, leche a secas, es siempre la de vaca. Si fuese de cualquier otro animal tendríamos que referirnos a ella especificándolo (leche de cabra, oveja, yegua, búfala...).

ATAQUES SIN RIGOR: «SOMOS EL ÚNICO MAMÍFERO QUE TOMA LECHE TRAS EL DESTETE»

El hecho de que a algunas personas les siente mal la leche, o las motivaciones ajenas a la salud que hay para evitar su consumo, ha propiciado que algunas corrientes aleguen que la leche no está diseñada para humanos, o que no deberíamos tomar leche porque «somos el único mamífero que la toma como adultos».

Haremos un parón inicial en este tipo de alegaciones para separar aquellas cuestiones que trataremos de las que no durante el capítulo.

Esas frases son verdades a medias. Los animales no toman leche tras el destete porque no tienen acceso a ella; es una cuestión de disponibilidad. No obstante, sí que se han dado casos en la naturaleza de «robos de leche», pero esa cuestión no sirve para justificar o no su consumo.

Alegar que no está diseñada para nosotros los humanos es una realidad que no vamos ni a considerar. Esa idea del diseño inteligente no vale en dietética. No hay ningún alimento diseñado para los humanos, salvo la leche materna. La abejas no hacen miel para que nos la tomemos, ni una coliflor o un brócoli crecen para ser comidos. Este argumento es insostenible, al igual que lo es el de la exclusividad humana de su consumo, puesto que también somos los únicos mamíferos que cocinamos, que nos conectamos a internet o que escribimos libros.

Estos seudoargumentos son muchas veces usados por la gente que defiende su no consumo desde un punto de vista irracional. No es necesario llegar a extremos ilógicos, puesto que si se quiere argumentar la conveniencia o no del consumo de leche, hay argumentos suficientes para debatir en salud, sostenibilidad o ética animal. No hace falta llegar a esas afirmaciones sin sentido, puesto que ya hay otras científicas.

Respecto a ciertas afirmaciones sobre los contenidos de sustancias ajenas en la leche, cabe decir que existen controles exhaustivos para verificar la composición de la misma, su salubridad, el recuento de microorganismos, la existencia de fraudes, la presencia de objetos o restos externos, contaminantes, tóxicos... Todos estos procesos están descritos por ley y las explotaciones ganaderas son sometidas a controles oficiales, regulares y normalizados. Pero vayamos a los aspectos dietéticos y de salud.

SOBRE SUS HIDRATOS DE CARBONO: LA LACTOSA

La lactosa es el azúcar fundamental de la leche, compuesto por glucosa y galactosa, y se encuentra en una proporción de 4,7 g por 100 g de leche. La lactosa tiene una particularidad, y es que para poder digerirla necesitamos una enzima en nuestro intestino: la lactasa.

Hay personas que son intolerantes a la lactosa, ya que la digieren mal, y, conforme nos hacemos mayores, nuestro intestino cada vez la asimila peor, sobre todo si no se consume. Lo que sucede es que, con el paso del tiempo, cada vez sintetizamos menos lactasa y por eso la gente se va haciendo progresivamente intolerante a la lactosa. Digamos que sienta peor a los adultos, especialmente si no están acostumbrados a tomarla. Las personas que la consumen con regularidad la asimilan mejor, ya que la síntesis de la enzima depende de un consumo regular.

Para aquellas personas que no puedan tomar lactosa, la pauta a seguir es evitar este azúcar en la dieta, ya que de lo contrario aparecerán problemas gastrointestinales, distensión abdominal, diarrea, gases...

Existen varias opciones; una es la de no tomar lácteos que

contengan lactosa, como son los yogures o los quesos muy curados. También existen los derivados lácteos sin lactosa. La leche sin lactosa tiene adicionada la enzima que la digiere y por tanto no nos produce ese efecto.

Últimamente se están anunciando de manera masiva los productos sin lactosa, tanto para intolerantes a ella como para la población en general. Sobre todo, bajo una justificación de mejores digestiones y sensaciones tras tomar la leche. Cabe aclarar que si la leche nos sienta bien y la digerimos correctamente es innecesario eliminar la lactosa. Es más, con el cese de su consumo, podríamos incluso bajar la actividad de nuestra lactasa y que nos siente incluso peor al cabo de unos meses.

Esto no quiere decir que tengamos que mantener el consumo de leche como recomendación. Si nos sienta mal la lactosa, no tiene ningún sentido continuar tomándola; es más, deberíamos eliminarla. Pasar de una leche convencional a otra sin lactosa debería estar reservado a aquellas personas que cumplan dos condiciones:

1) Que quieran seguir tomando leche (porque no es imprescindible).
2) Que les siente mal su consumo.

PROTEÍNA

Con una relación de 3 g de proteína por 100 g de leche, las proteínas lácteas son de un alto valor biológico y, junto con las del huevo, constituyen las de mejor calidad que podemos encontrar en la dieta. Tienen una proporción de aminoácidos muy parecida a la de los seres humanos, por lo que los lácteos representan una fuente de proteínas de alta calidad.

Existen dos fracciones principales de proteínas en la leche: la proteína del suero y la caseína. La proteína de suero, aunque en menor presencia, es la que tiene mayor interés nutricional y actualmente constituye una de las sustancias de estudio más interesantes para la nutrición general. Comercializada y estudiada bajo el término de proteína WHEY, tiene un interés especial en la nutrición deportiva.

La caseína es la otra fracción de proteína que se encuentra en la leche, la que principalmente forma los quesos, ya que es la que cuaja y precipita en su preparación.

La introducción de leche de vaca de manera muy temprana en bebés se ha asociado con la aparición de algunas alergias e intolerancias. La causa parece ser que, si se introduce muy pronto y el intestino del niño no está maduro todavía, alguna de las proteínas puede predisponer a alergias por la permeabilidad intestinal del bebé. Resulta más adecuado, por tanto, esperar a que el intestino esté lo suficientemente maduro, lo que suele ocurrir a partir de los doce meses.

Es a la fracción proteica de la leche a la que la gente es alérgica en caso de sufrir la alergia de la proteína de leche de vaca. Es un error usar el término «alérgico a la lactosa», puesto que no es una alergia; se trata de una confusión muy común pero que tiene implicaciones muy diferentes.

Las personas intolerantes a la lactosa pueden tolerar pequeñas cantidades de la misma, y consumirla solo podría desencadenar síntomas gastrointestinales, que además serían proporcionales a la cantidad de lactosa consumida.

Por el contrario, las personas alérgicas a la proteína de leche de vaca tienen que evitar todo tipo de lácteos, puesto que hasta las más pequeñas cantidades de proteína pueden provocar síntomas inmunológicos muy graves.

GRASA

La leche tiene 3,8 g de grasa por cada 100 g, y más de la mitad de este aporte de grasa proviene de los ácidos grasos saturados. Este es el motivo por el cual a las personas que tienen problemas cardiovasculares se les recomienda tradicionalmente el consumo de lácteos desnatados.

Como hemos visto en los capítulos 1 y 9, no hay demasiados motivos para desaconsejar los lácteos por motivos cardiovasculares. Las personas que desde siempre se han querido cuidar han optado por la leche desnatada, pero no produce mejores efectos de salud y, sin embargo, empobrece bastante la fórmula, a varios niveles. Desnatar la leche es quitarle la grasa a solo los algo más de 3 g que tiene por cada 100 ml. No se produce una gran reducción a nivel de kilocalorías, pero en cambio le quita gran parte de las vitaminas y de la capacidad saciante.

MINERALES Y VITAMINAS

La leche es un alimento interesante en este aspecto y constituye una de las mejores fuentes de calcio que podemos encontrar. Entre las pocas pegas que encontramos está su bajo contenido de hierro, motivo por el cual hasta las leches de continuación se suplementan con este mineral. De todos modos, no podemos pretender que un alimento sea completo por sí mismo. Solo hay un alimento que se pueda consumir de manera única en nuestra vida: la leche materna, y exclusivamente durante los seis primeros meses.

Es importante tener en cuenta que, al desnatar la leche, se retira la parte grasa y con ella las vitaminas asociadas a esta grasa. Este es el motivo por el que, cada vez más, las leches desnatadas se enriquecen posteriormente con vitaminas A y D.

En cuanto a sus minerales, destaca principalmente el aporte en calcio, elemento que provoca otra de las grandes polémicas.

¿ES IMPRESCINDIBLE TOMAR LECHE PARA OBTENER SUFICIENTE CALCIO?

No, porque el calcio se puede encontrar en muchos otros alimentos. Los frutos secos, las legumbres, las semillas o verduras como el brócoli son ejemplos de fuentes de calcio vegetal.

Esto no solo convierte a la leche en un alimento prescindible en la dieta, sino a cualquiera de sus derivados. No es por tanto obligatorio consumir lácteos para una correcta salud ósea y un adecuado estado nutricional de calcio.

Es cierto que la disponibilidad del calcio vegetal no es tan elevada como en los lácteos, pero ello no implica ningún tipo de problema derivado. La absorción intestinal de este mineral es muy dependiente del estatus nutricional que tengamos, es decir, nuestro cuerpo puede aumentar su absorción cuando lo necesita para mantener el equilibrio orgánico.

Además, no se ha visto una mayor prevalencia de fracturas ni de osteoporosis en aquellas personas que no toman lácteos frente a las que sí lo hacen. El motivo de tomar leche sí o sí no se sostiene tampoco por esta causa.

Hoy en día, las cantidades diarias recomendadas de calcio están muy cuestionadas, siendo uno de los minerales cuya ingesta difiere más entre países, lo que hace muy probable que en un futuro próximo tengan que ser revisadas.

Las enfermedades óseas responden a otras variables muy

importantes del estilo de vida. Es prácticamente una parado-ja que siendo el norte del planeta uno de los mayores consumidores de lácteos siga teniendo las tasas de osteoporosis aún muy altas. Es una puerta a la posibilidad de que realmente otros factores de vida, como la actividad física o la exposición solar, influyan mucho más en la salud ósea que el propio calcio.

LECHE Y CÁNCER

Es un tema controvertido, pero sí que parece haber una asociación, derivada principalmente de estudios observacionales, en los que es muy complicado establecer una causalidad.

Existen resultados que relacionan la prevención de algunos tipos de cáncer (vejiga o colorrectal) con el consumo de leche o lácteos fermentados, así como estudios que vinculan su ingesta habitual a un ligero aumento de otros (próstata).

Tanto este riesgo como su capacidad preventiva son muy relativos y equiparables, por ejemplo, a los que puede haber con el consumo de carne en general. No obstante, dentro de una ingesta razonable (no más de dos raciones de lácteos al día) se considera que su incorporación a la dieta es saludable.

Además, estos efectos pueden estar explicados y modulados por otros motivos agregados al consumo de leche. Recordemos que tomar leche es una práctica que se suele acompañar de otras rutinas concretas y productos no tan deseables, como el azúcar, las galletas o los cereales de desayuno.

Dada la situación, la pauta que aconsejan guías como el Healthy Plate de Harvard es la de limitar el consumo de leche a no más de dos raciones diarias (no solo teniendo en cuenta sus efectos directos, sino los indirectos).

Hay que recordar que el tomar leche implica no tomar otros alimentos que podrían ser más saludables. Si nos tomamos tres vasos de leche al día y dos yogures, no estamos dejando hueco, por ejemplo, para una ración de fruta de postre o en el desayuno, que quedará, por tanto, desplazada de la dieta.

En la relación que se establece entre nutrición y aparición de enfermedades es difícil saber qué parte de culpa corresponde a la leche y qué parte a la ausencia de otros alimentos saludables.

OTROS FACTORES A CONSIDERAR: SOSTENIBILIDAD Y ÉTICA

El hecho de que sea, como hemos visto, un alimento prescindible provoca un constante debate en la conveniencia o no de la producción de leche, ya no solo desde el punto de vista de la salud, sino desde la sostenibilidad y la ética.

La producción intensiva de leche tiene consecuencias considerables a nivel medioambiental, debido a la huella hídrica y emisiones de CO_2 que implica la explotación del ganado vacuno. Por supuesto, sus consecuencia morales no son equiparables a las del consumo directo de carne, pero las condiciones de vida y el modelo productivo de este alimento merecen como mínimo esta reflexión:

¿Vale la pena mantener el consumo de un alimento prescindible, impactante y con una producción asociada a una violación del bienestar animal?

Esa respuesta debe respondérsela cada persona atendiendo a sus prioridades de consumo.

Si después de todo esto decidimos tomar lácteos, ¿cuáles son los más adecuados?

Salvo contraindicación concreta deberíamos tener en cuenta lo siguiente:

- Mejor los derivados fermentados (yogures) que la leche.
- La leche, mejor pasteurizada que UHT o esterilizada (conserva muchos más nutrientes y está mucho más buena; solo tiene la pega de que hay que comprarla y conservarla en el frigorífico).
- Hay que priorizar los lácteos enteros frente a los desnatados.
- Como cualquier otro alimento, hay que intentar que sea un producto local o de proximidad.
- Si existe la posibilidad de adquirirla, la leche de vacas alimentadas con pasto en explotaciones extensivas tiene una mejor calidad nutricional y garantiza un mejor trato animal.
- Hay que consumirla moderadamente y no superar las dos raciones diarias.

Mito 12

«La carne provoca cáncer»

Recientemente hemos tenido uno de los mayores culebrones nutricionales de los últimos años: la monografía de la Organización Mundial de la Salud (OMS) sobre la relación de la carne roja y la ultraprocesada con el cáncer colorrectal. Pocas noticias alimentarias de los últimos años han tenido tanta repercusión; tendríamos que remontarnos a las hamburguesas de carne de caballo o a las recomendaciones de reducción de consumo de azúcar por parte de este mismo organismo y que veremos en el capítulo 15.

¿Qué dijo el comunicado de la OMS?

La Agencia Internacional de Investigación sobre el Cáncer (IARC) fue el organismo de la OMS que publicó una monografía en la que se clasificaba a la carne procesada como cancerígena, al señalarla como un factor de riesgo, sobre todo, del cáncer colorrectal.

La noticia fue recogida por los medios de muchas y diversas maneras que destacaban los extremos de todas las posibles opciones: desde equipararla al consumo de tabaco hasta restarle importancia y banalizar el tema tildándolo casi de conspiración. Esta información fue además objeto de polémica, en especial cuando se filtraron en la prensa las estrategias de comunicación que había seguido la industria cárnica para minimizar el impacto de la noticia y cambiar el mensaje que aparecía en los medios para hacerlo más acorde con sus intereses.

En realidad, el informe no comunicaba nada que fuese nuevo. La evidencia que mostraba se conocía desde hace aproximadamente una década, cuando ya se empezaba a distinguir entre los diferentes tipos de carne y sus riesgos. En concreto, se observaba cómo el riesgo era más grande en las carnes procesadas que en la roja fresca.

Esta monografía aglutinó muchos estudios observacionales, por lo que hay que ser prudentes, ya que este tipo de estudios no son los que tienen más fiabilidad para demostrar la relación causa-consecuencia. No obstante, en ellos sí que podemos observar cómo hay una clara correlación entre el consumo de carne procesada y el cáncer.

¿Causa o provoca cáncer el consumo de carne roja?

Causar y provocar son palabras mayores, sobre todo en una enfermedad tan multifactorial como el cáncer.

Para ser rigurosos deberíamos decir que la carne roja «se correlaciona», «predispone» o «aumenta el riesgo» de desarrollar cáncer. Para no confundir a la población, hay que distinguir entre riesgos relativos y absolutos.

El riesgo relativo relaciona el grupo de población de riesgo frente al de control.

En estos términos, «cada 50 g de consumo de carne procesada aumenta un 18 % las probabilidades de contraer cáncer colorrectal».

El riesgo absoluto se tiene en cuenta considerando toda la población.

Un enfoque distinto que se podría haber dado es el siguiente: «El 6 % de las personas que consumen carne procesada presentan cáncer de colon, mientras que solo el 5 % de los no consumidores lo padecen».

Es decir, consumir 50 g de carne procesada al día aumenta un 1 % la probabilidad de que aparezca cáncer frente a los que no la consumen.

Por tanto, el riesgo de los consumidores es un 20 % mayor que el riesgo de los no consumidores. ¿Por qué? Porque 6 es un 20 % mayor que 5. (Nota: 6/5 = 1,2.)

Cuanto mejor se expliquen estas cosas, mejor se entenderán.

¿Es tan perjudicial la carne procesada como el tabaco?

La OMS ha puesto a ambas sustancias en el mismo apartado de riesgo: Grupo 1: causa cáncer.

Esto hace referencia a la seguridad que tenemos de que algo cause o se relacione con el cáncer, lo que no quiere decir que ambas sustancias (carne procesada y tabaco) lo hagan con el mismo riesgo o fuerza.

Hago una metáfora con un vaso de agua y una piscina: ambas situaciones tienen la misma evidencia de que te pueden mojar, estamos seguros de ello. Podríamos clasificarlas en el Grupo 1: causa que te mojes.

Pero no implican el mismo riesgo. Es mucho más probable que te mojes si te lanzan a una piscina que si te arrojan un vaso de agua.

Para clarificar estas cuestiones, fueron de gran valor los materiales que el UK Cancer Research elaboró para la ciudadanía. En dichos materiales se explicó que el tabaco producía el 86% de los cánceres de pulmón (un 19% del cáncer total), mientras que la carne roja ultraprocesada era la causa del 21% de los cánceres colorrectales (solo un 3% del total).

A esa categoría pertenecen, por ejemplo, el tabaco, el alcohol o el amianto, pero, obviamente, no tienen el mismo riesgo que las carnes procesadas.

Por tanto, la relación es clara: se debe reducir el consumo. Pero no se puede equiparar el tabaco o el alcohol con la carne procesada, porque no son igual de dañinos.

No obstante, el mensaje es claro: cuanto menos mejor. Es una cosa que ya estamos diciendo hace años y el objetivo de muchas políticas de salud pública.

¿POR QUÉ LA CARNE ROJA TIENE MÁS RIESGO QUE LA BLANCA?

Ojalá lo supiéramos bien. No parece haber un único motivo, sino un conjunto de ellos. La carne roja es aquella que tiene más cantidad de mioglobina en su composición, que es la que precisamente le da su característico color rojo. Son carnes rojas la ternera, el cerdo, el cordero, el caballo o la cabra.

También es la carne que tiene más hierro, que de por sí no causa cáncer, aunque hay algunos mamíferos que tienen genes defectuosos en su metabolismo en los que este mineral puede promover su aparición.

La carne procesada es también carne roja, hecho que muchos estudios han mezclado tradicional e injustamente.

¿POR QUÉ LA CARNE PROCESADA TIENE MÁS RIESGO QUE LA NO PROCESADA?

Las carnes ultraprocesadas son mucho menos interesantes para nuestra dieta, y debido a la transformación que sufren y otros ingredientes adicionales, son las que más riesgo de cáncer colorrectal muestran en el estudio de la OMS.

Es aquella carne que se transforma por un proceso de salazón, curado, fermentación, ahumado... Incluye por tanto las salchichas, el jamón, la carne en conserva, las cecinas..., así como la carne en lata y las preparaciones y salsas a base de carne.

La hemoglobina (compuesto de la sangre de la carne), al degradarse, puede dañar las células intestinales, efecto que tienen además las nitrosaminas que se forman en el cocinado a altas temperaturas de la carne con nitritos (como los embutidos). Estas nitrosaminas son cancerígenas y muy perjudiciales para nuestra salud. De ahí que no se recomiende calentar en exceso la carne procesada.

Por otro lado, la sal, el azúcar y las féculas que tienen los derivados cárnicos son ingredientes de bajo interés nutricional, que además de relacionarse con otras patologías gastrointestinales, transforman la microbiota intestinal (bacterias que viven en nuestro organismo) en una más dañina.

Son muchas las hipótesis y probablemente haya que recurrir a un conjunto de ellas para obtener una explicación.

¿SE PUEDE MINIMIZAR EL RIESGO DE SU CONSUMO?

Sí; por ejemplo, evitando alcanzar altas temperaturas en el cocinado, no chamuscando la carne. A mayor temperatura, mayor creación de aminas e hidrocarburos policíclicos. Esta recomendación es especialmente importante en salazones, embutidos y ahumados.

También se puede reducir el riesgo acompañando el consumo de carne roja con frutas y verduras. Esto minimiza el impacto, debido a sus fitoquímicos, antioxidantes y fibra, que reducen la aparición de nitrosaminas y el contacto con nuestras células intestinales.

¿Tiene algún aspecto positivo el consumo de carne roja?

Por parte de la carne procesada, ninguno. Sí que podríamos considerar que la carne roja es una opción válida y nutritiva para una dieta consumida de manera ocasional, pues es una fuente óptima de proteínas, siendo estas de mucha calidad, al igual que el huevo, el pescado, los lácteos y algunas legumbres.

Además, es rica en hierro, que se absorbe fácilmente por ser muy biodisponible. Esta condición, que es a priori un aspecto positivo, se ha visto recientemente que no siempre tiene por qué ser así, ya que en algunos individuos con cierta genética puede promover la aparición del cáncer. Es un caso no muy común que se daría en diferentes mamíferos, además de en humanos.

De todos modos, y al igual que hemos manifestado con la leche, su consumo no es obligatorio, puesto que todos sus nutrientes son sustituibles y se pueden incorporar con otros grupos alimenticios.

Las posturas que mantienen que el uso de carne es conveniente u óptimo para ciertos niveles de rendimiento están todavía sin justificar. Se basan en que es la única fuente de creatina y taurina dietética; sin embargo, no hay datos que apoyen con rigor esta hipótesis. Tampoco hay un déficit en vegetarianos ni un efecto reseñable de estas sustancias procedentes de la carne.

¿Es necesario mantener este consumo de carne?

Se come mucha carne en España, unos 164 g al día, de los cuales 40 g proceden de derivados.

Debido a que no existe ninguna justificación dietética para un consumo obligatorio, la ingesta de carne es una elección más en la dieta.

Sin embargo, es recomendable reducir la carne procesada, cuyo consumo debería estar guiado por una norma: cuanto menos mejor.

La carne fresca y sin procesar puede ser una buena fuente de proteína más saludable, pues no se asocia con el cáncer colorrectal. Pero debemos considerar que nunca debe ser la base de nuestra dieta, ya que esta tendría que ser abundante en frutas, verduras y hortalizas.

Tras considerar otros aspectos como la eficiencia energética o los residuos que genera su producción, podemos afirmar que la carne, en especial la de vacuno, es el medio más ineficiente de introducir proteínas en nuestra dieta.

La cantidad de recursos (CO_2, agua, superficie) que implica la producción de carne es minimizable con elecciones dietéticas más sostenibles (pescado o huevos para las dietas con productos de origen animal y legumbres para las basadas solo en alimentos de origen vegetal).

Después de todo este acúmulo de información, cabría decir sin ningún tipo de dudas que la carne no solo no es imprescindible, sino que con un menor consumo nuestro entorno sería más saludable, más ético y más sostenible.

Mito 13

«No es seguro llevar una dieta vegetariana»

Las dietas vegetarianas son objeto frecuente de ataques que, en muchas ocasiones, vienen formulados desde el desconocimiento o desde el prejuicio.

Entre otras cuestiones, es también un campo de intereses para parte de la industria, terapeutas y vendedores de productos de dudoso rigor. Esto ha provocado también cierta reticencia entre algunas profesiones sanitarias.

Los prejuicios, unidos a la deficiente formación reglada que hay sobre este tipo de dietas, provocan que muchas veces se desaconseje por sistema en lugar de asumir las limitaciones propias.

Ha sido muy común catalogarla a menudo como «dieta incompleta» o «dieta peligrosa», en lugar de preocuparse por cómo hacer para que se practique de manera saludable.

¿Es la dieta vegetariana una dieta peligrosa?

No. Tampoco es ni justo ni responsable definirla así.

Cuando una persona la llama peligrosa, normalmente lo hace basándose en algunas cuestiones como la posibilidad de que presente deficiencias o la probabilidad de enfermar si no se realiza de manera adecuada.

Este miedo no es una característica exclusiva de la dieta vegetariana. Cualquier dieta puede presentar deficiencias si está mal diseñada, pero el objetivo es planearla de tal manera que no presente ninguna y tenga una distribución correcta de nutrientes.

¿Acaso es justo decir que la dieta omnívora es peligrosa porque hace engordar a muchos niños y jóvenes en nuestro entorno? No, no es justo, porque no es una particularidad de la dieta omnívora. Si una dieta presenta problemas, simplemente hay que corregirlos o incluso evitarlos antes de que aparezcan.

La dieta vegetariana es una dieta de restricción, en la que las personas, de manera voluntaria, deciden dejar de comer ciertos alimentos. Esto no debe presentar un gran problema si se compensa la restricción de estos alimentos con la incorporación de otros.

Todas las dietas vegetarianas tienen en común que no están compuestas por animales. Es el único factor común, pero podemos encontrar diferentes variantes cuando hablamos de los productos de origen animal. Sobre esta base existen varias clasificaciones como:

- Ovolactovegetarianos: comúnmente llamados «vegetarianos» a secas, sí que consumen huevos y lácteos.
- Ovovegetarianos: dentro del origen animal, solo consumen huevos.
- Lactovegetarianos: dentro del origen animal, solo consumen lácteos.
- Vegetarianos estrictos: no toman ningún producto de origen animal.

Esta filosofía dietética, llevada a otros aspectos de la vida, es lo que se conoce como «veganismo».

Por tanto, un vegano no comerá queso o huevos, mientras que un vegetariano sí. Pero ninguno de los dos consumirá atún.

Lo único que habría que tener en cuenta a nivel dietético es que, con este tipo de dietas, resulta necesario aportar los nutrientes que contienen los alimentos de origen animal mediante otras fuentes vegetales.

¿Seguro que se puede sustituir absolutamente todo?

Sí, todos los nutrientes salvo uno: la vitamina B12.

El resto de nutrientes esenciales, ya sean hidratos de carbono, proteínas, lípidos, minerales o las otras vitaminas, sí que se pueden incorporar.

Esto se debe a que la vitamina B12 es la única que solo se encuentra en alimentos de origen animal, por lo que todas las personas, tanto veganas como vegetarianas, deberían suplementar su dieta con esta vitamina. Hasta no hace mucho, pensábamos que una persona vegetariana, gracias a los huevos y lácteos, podía incorporar a su dieta suficiente B12, pero la cantidad de estos alimentos que tendríamos que incluir sería muy alta y desplazaría una dieta saludable; por tanto, a día de hoy, la suplementación resulta imprescindible para personas veganas, y segura y recomendable también paras las vegetarianas.

¿Vegetarianos con poca proteína?

Una de las cuestiones que más se le ha echado en cara a la dieta vegetariana o vegana ha sido la de, supuestamente, la ingesta insuficiente de proteínas y hierro.

Este ataque corresponde a un desconocimiento dietético y de la composición de los alimentos. Porque la proteína no solo se encuentra en la carne, el huevo y el pescado; también podemos encontrar proteína vegetal de una calidad similar a la de la carne en algunas legumbres como la soja o los garbanzos.

La desventaja que se le ha achacado a las legumbres es que son deficitarias en aminoácidos como la metionina, mientras que los cereales lo son en lisina. Se entendía que eran «alimentos incompletos», sin poner en valor el hecho de que tenían el resto de aminoácidos que necesitamos los humanos. Al ser supuestamente incompletos, se ha recomendado históricamente que se combinen en una misma ingesta cereales y legumbres (como en un plato de arroz con lentejas) para obtener una proteína completa. No obstante, esto no es necesario hacerlo en cada comida; basta con ingerir tanto cereales como legumbres a lo largo del día.

Además, con una dieta variada y suficiente se compensan los pocos aminoácidos que le puedan faltar a los cereales o a las otras legumbres.

No resulta tan difícil como nos lo han pintado si alternamos cantidades suficientes de legumbres, cereales y frutos secos. Los vegetarianos que toman lácteos y huevos tienen una gama mayor donde elegir.

VEGETARIANISMO Y HIERRO: ¿UNA FÁBRICA DE ANEMIA?

Esto se creía así hasta hace bien poco, porque el hierro de los vegetales se absorbe menos que el de la carne debido a que tiene una estructura química diferente (hierro no hemo). Por ese motivo, se recomendaba como medida de precaución que se tomara más hierro en la dieta. Además, algunas sustancias como los fitatos, presentes en los cereales integrales o en las legumbres, dificultan la absorción de este mineral.

Estos dos motivos, unidos además a que las fuentes de hierro más conocidas son la carne y el marisco, hacía entender a la gente que una dieta vegetariana o vegana podría ser deficitaria en hierro.

Sin embargo, según los datos que tenemos en sociedades occidentales, los vegetarianos no tienen más anemia que las personas omnívoras, por lo que pueden solventar el problema manteniendo una ingesta dentro de los valores de la población general y una buena dieta que ayude a mejorar la absorción de hierro.

Esto se debe a que nuestro organismo sufre modificaciones adaptativas. Las personas con menores depósitos de hierro tienden a absorber más hierro en el intestino y, además, excretan menos, por lo que pierden menos ferritina (que es la proteína que almacena el hierro) a través de las heces. De ahí que sus reservas de hierro no bajen en tanta cantidad.

Esto hace que el ser humano pueda adaptarse a ingestas de hierro muy variadas sin tener problemas de salud. La adaptación se da, por ejemplo, en mujeres embarazadas y en vegetarianos de largo recorrido.

Otros compuestos como la vitamina C, que es un elemento abundante en una dieta vegetariana bien diseñada, ayudan a la absorción del mismo, además de desactivar la acción de los fitatos.

No obstante, no hay que olvidar que en los países del norte del planeta, que disponen de dietas suficientes y variadas, los motivos principales de anemia no son los déficits dietéticos, sino los problemas de salud asociados y las hemorragias.

¿Tienen más problemas de osteoporosis?

Como ya hemos visto en el capítulo 11, la leche no es imprescindible, ni tampoco es nuestra única fuente de calcio dietético.

La creencia de que el calcio es solo cosa de los lácteos es un mito. Hay vegetales con unas cantidades muy aceptables de este mineral y con unas tasas de absorción muy altas.

Las necesidades de calcio que tiene los vegetarianos o veganos son las mismas de una persona omnívora. Solo habría que tener en cuenta que sus fuentes no provienen de los lácteos, y deberían priorizar los frutos secos y las legumbres, principalmente. Alimentos vegetales muy ricos en calcio son las almendras, el tofu, las alubias y las crucíferas (col, berzas, coliflor, brócoli) y muchas hojas verdes.

Aunque los vegetarianos ingieran menos calcio o proteína total, no repercute en su densidad ósea, y es improbable, por tanto, que eso aumente el riesgo de fracturas en esa población. Sin embargo, sí que se ha apreciado un mayor riesgo de fracturas óseas en personas veganas con ingestas insuficientes de calcio. En estos casos, lo recomendable es corregir los hábitos de vida o las ingestas dietéticas en aquellos casos donde las dietas no están bien diseñadas.

Lo fundamental es considerar que la salud ósea depende de muchos otros factores más allá del calcio. Nos hemos centrado demasiado en él y no tiene la exclusiva del estado de nuestros huesos. De hecho, un estilo de vida que combine el papel de la actividad física y la exposición solar resulta crucial para su salud. Aquí entran en juego otros factores, como la vitamina D.

Hacer ejercicio físico, entrenamientos de fuerza y exponerse de manera responsable a la luz solar son hábitos de vida que repercuten en nuestra salud más allá de si nuestra leche está enriquecida con calcio.

También influye una ingesta suficiente de magnesio y vitamina K, acompañada de una dieta no muy alta en sodio. La sal en exceso no es recomendable, ya que aumenta la excreción de calcio en la orina. Tomar menos sodio ayuda a que se reabsorba más calcio en el riñón.

¿QUÉ SUCEDE CON OTROS COMPUESTOS QUE SOLO ESTÁN EN LOS ALIMENTOS DE ORIGEN ANIMAL?

Otra de las cuestiones que se ha estudiado en la dieta vegetariana es la supuesta necesidad de otros compuestos; es el caso de minerales como el zinc (muy abundante en los moluscos), así como los ácidos grasos omega-3, que se encuentran en el pescado y en algunas microalgas (EPA y DHA). También la leche materna o la carne de animales alimentados con pasto la contienen.

En la dieta vegetariana, aunque se consuma una menor cantidad de zinc, ello no parece tener repercusiones clínicas, por lo que a día de hoy no implica ningún problema, siempre y cuando esté dentro de unos valores normales, algo que se consigue con un adecuado consumo de frutos secos, legumbres y cereales integrales.

En el caso de la serie omega-3, nuestro cuerpo es capaz de convertir, aunque en muy baja cantidad, los ácidos grasos EPA y DHA a partir de otros como el ALA, que encontramos en las nueces y en las semillas como el lino. Se ha observado que estos ácidos grasos tienen un papel cardioprotector y de prevención de enfermedades cardiovasculares. Sin embargo, recomendar en esta población una mayor ingesta de ácidos grasos omega-3 por motivos de salud cardiovascular tampoco está justificado, ya que los vegetarianos y veganos tienen de partida un menor riesgo de estas enfermedades, debido a su mayor consumo de frutas, verduras y hortalizas, además de la mayor práctica de actividad física que suelen realizar.

Se ha demostrado que los ácidos grasos EPA y DHA son esenciales en el desarrollo cognitivo de los bebés y de su maduración ocular. No obstante, los bebés vegetarianos no tienen un menor desarrollo ni menos capacidades mentales que el resto. De hecho, los vegetarianos tienen el mismo nivel de DHA sanguíneo que las personas que no comen habitualmente pescado, por lo que, en caso de necesitar suplementación, este criterio sería extensible a los millones de personas que no suelen comer pescado en abundancia. Todo indica, por tanto, que es suficiente con un aporte de ácidos grasos poliinsaturados, presentes en frutos secos como las nueces o en alimentos como el lino.

¿Es la dieta vegetariana segura para niños o embarazadas?

Existen muchas veces personas que piden demostraciones de la seguridad de ciertas cuestiones complicadas de demostrar. En ciencia, no se pueden demostrar las realidades negativas. No podemos asegurar que alguien de nuestro entorno no vaya a cometer un delito mañana o que vaya a haber un accidente de tráfico.

¿Son seguras las galletas? ¿Es seguro cenar cereales? ¿Es seguro hacer deporte en ayunas? Lo que sí que podemos hacer es evaluar la seguridad de las cosas atendiendo a su trayectoria. En el caso de la población vegetariana, existen millones de personas que durante siglos han seguido una dieta vegetariana sin que hayan aparecido alertas sanitarias. Este hecho debería tomarse como una muestra de suficiente seguridad.

Como hemos dejado claro, lo importante es que la pauta esté bien diseñada. Ninguna dieta es garantía de ser sana o segura solo por su nombre, hay que cerciorarse. La dieta mediterránea puede ser peligrosa si no está bien elaborada.

En el caso de las embarazadas y los niños, la dieta vegetariana no conlleva ningún problema, siempre que sea completa (pasa exactamente igual que con una dieta omnívora). Es de especial importancia seguir una suplementación correcta. Si la madre es vegetariana y está suplementándose, no resulta necesario hacerlo con el bebé hasta que inicie la alimentación complementaria, porque le está llegando la cantidad de B12 suficiente a través de la leche materna.

El peligro real es que el niño o la madre no sigan una dieta o una suplementación correcta. Esto puede pasar, ya que hay muchas falsas creencias en estas etapas y es prioritario ponerse en buenas manos. La recomendación que hay que dar es que se dejen aconsejar por profesionales de la salud. Y si su pediatra en concreto no tiene experiencia suficiente para poder aconsejar dietéticamente, que lo derive a un dietista-nutricionista.

NO OLVIDEMOS...

Que la dieta vegetariana o vegana no responde a criterios exclusivos de salud: es una decisión personal que implica muy diversas motivaciones, como son la sostenibilidad, la justicia social, la ética animal o el cuidado del medio ambiente.

No olvidemos que, bien diseñada, se corresponde en gran medida con la propuesta dietética que deberíamos seguir todas las personas (abundante en productos vegetales frescos de origen vegetal). Por tanto, más allá de preocuparnos por los posibles déficits que podría tener si no está bien diseñada, deberíamos considerar también qué beneficios para la salud conlleva un seguimiento adecuado. Entre otras cuestiones, hay un riesgo menor de padecer algunos cánceres, sobrepeso, obesidad, diabetes mellitus y síndrome metabólico.

No obstante, es un error prejuzgar los motivos por los que una persona lleva a cabo una elección dietética. Se trata de una decisión personal que, según el código deontológico de las profesiones sanitarias, debe respetarse.

No es función del sanitario juzgar o alertar desde el desconocimiento, sino formarse y dar el mejor consejo dietético a cada persona. Y en caso de no poder abordar el problema, sin duda derivar a un profesional que pueda dar una respuesta.

Mito 14

«Hay que comer más productos naturales»

Ya hemos visto en varios capítulos cómo toda lógica y evidencia científica nos empuja hacia un consumo de alimentos frescos, sin procesar y eminentemente de naturaleza vegetal para mantener una buena salud.

Es posible que a alguien en su mente se le haya aparecido la construcción «hay que comer de una manera más natural». Hasta este mismo momento, no había salido a colación este término, con toda la intención.

El hecho de que se hayan usado hasta ahora las menciones «materias primas» o «alimentos sin procesar» precisamente busca huir de la terminología «natural», que tantos malentendidos podría provocar.

Lo «natural» en nuestro contexto actual

El reclamo «natural» y «100 % natural» está a la orden del día en los productos alimentarios. Vivimos en unos años de quimifobia, de manera que palabras como «natural» se entienden como algo positivo, mientras que lo «artificial» tiene connotaciones negativas.

Esta dualidad natural-artificial tiene una trascendencia que desemboca en cantidad de términos y actitudes hacia la salud, no solo en alimentación, sino en todo lo referente al cuerpo: cremas, geles, champús, ropa...

Sin embargo, cuando hablamos de otros aspectos de la vida sí que parece que la tecnología y la vanguardia nos gustan.

Al trasladar esta tendencia de consumo a los alimentos, observamos cómo la industria alimentaria tiende a satisfacer nuestros deseos y, por tanto, nos bombardea con reclamos publicitarios, que en ocasiones se anuncian como «100 % natural», afirma usar ingredientes «todo natural-nada artificial» o incluso llegan al extremo de declarar: «Sin porquerías».

A nadie debería sorprenderle que este contexto sea una cuestión comercial. Sobre todo cuando se sabe que en los últimos años, los *key trends*, las palabras más usadas en publicidad, han sido: natural, movimiento, energía, salud digestiva y sentirse bien.

Probablemente alguien piense: «Bueno, pues yo creo que lo natural es mejor, ¿qué hay de malo en ello?». No es que haya nada malo en lo natural, solo la clara imposibilidad de definirlo.

¿Cómo saber si algo es natural?

Es un reto o casi una utopía tratar de averiguar qué es algo natural, sobre todo en alimentación.

¿Son nuestras variedades de cereales naturales?

¿Es una salsa de tomate frito natural?

¿En qué momento de la matanza la carne de cerdo deja de ser natural para ser un producto artificial? ¿El jamón serrano es natural o artificial? ¿Y la harina? ¿En qué fase de elaboración del pan deja de ser natural el trigo? ¿Qué procesos hacen que un alimento deje de ser natural? ¿La adición de aditivos? Si es así, ¿de qué aditivos estamos hablando? ¿La sal? ¿El vinagre? ¿Es natural añadir un cultivo de *Lactobacillus delbrueckii bulgaricus* o de *Streptococcus salivarius thermophilus* seleccionados entre miles de cepas a la leche parcialmente concentrada para hacer un fermento lácteo? Y al resultado de esa fermentación ¿le podemos llamar yogur natural?

¿En qué momento un alimento deja de ser natural si es que alguna vez lo fue? ¿Son la agricultura o la ganadería naturales?

¿Qué dice nuestra legislación sobre lo natural?

En primer lugar es necesario aclarar ciertas cosas: el término natural correspondería en todo caso a una declaración, puesto que no es obligatorio en el etiquetado (al contrario que la denominación del producto, los ingredientes o la fecha de caducidad). La ley no especifica que haya que detallar si un alimento es natural o artificial. Sabiendo que es una declaración, entendemos por ella:

Cualquier mensaje o representación que no sea obligatorio con arreglo a la legislación comunitaria o nacional, incluida cualquier forma de representación pictórica, gráfica o simbólica que afirme, sugiera o dé a entender que un alimento posee unas características específicas.

En este caso, las características específicas que afirma/sugiere/da a entender es que el alimento es natural.

Dentro de las declaraciones, encontramos dos tipos (sobre los que profundizaremos en el capítulo 18):

- Las declaraciones nutricionales.
- Las declaraciones de propiedades saludables.

El término «natural» corresponde a una de las primeras, reguladas bajo la legislación europea, en concreto bajo la Regulación (EC) n.º 1924/2006. Allí el término aparece tanto en última instancia, en el listado europeo autorizado, como en su traducción al castellano. Sin embargo, en nuestro país, la Agencia Española de Consumo, Seguridad Alimentaria y Nutrición (AECOSAN) recoge todas las declaraciones nutricionales europeas salvo esta última. ¿Por qué?

¿QUÉ SIGNIFICA EL TÉRMINO NATURAL EN EL ETIQUETADO?

Citando textualmente la legislación europea, se dice que se podrá usar el término natural:

Cuando un alimento reúna de forma natural la condición o las condiciones establecidas en el presente Anexo para el uso de una declaración nutricional, podrá utilizarse el término «naturalmente/natural» antepuesto a la declaración.

Es decir, siempre debe ser respecto a otra declaración de ese reglamento. Por ejemplo: «Fuente natural de proteínas» o «fuente natural de ácidos grasos omega-3».

Y la condición que expresa es que reúna esas características «de manera natural».

¡Gran definición para regular un campo tan lleno de fraude!

Tampoco recoge nada sobre si un producto puede ser enteramente natural (100 % natural).

¿NATURAL ES ENTONCES «SIN ADITIVOS»?

No, no lo es, porque el Reglamento 1334/2008 europeo considera la terminología «natural» en los aditivos, como es el caso del siguiente extracto:

En concreto, si se utiliza el término «natural» para describir un aroma, las partes aromatizantes utilizadas deben ser íntegramente de origen natural.

Por tanto, natural no es «sin aditivos». De hecho, muchos productos a día de hoy se declaran 100 % natural e incluyen numerosos aditivos en su formulación. De todos modos, habría que preguntarse si eso de sin aditivos es un valor añadido.

¿NATURAL ES «SIN TRANSFORMAR»?

No, porque volviendo al mismo reglamento encontramos lo siguiente:

No entran en el ámbito del presente Reglamento los productos alimenticios naturales que no hayan experimentado ningún tratamiento de transformación.

Es decir, que se refiere a aquellos alimentos naturales transformados. Por tanto, tampoco nos vale equiparar «natural» a «sin transformar».

¿Natural es «ecológico»?

No, solo los términos «bio» y «eco», utilizados aislada-
mente o combinados, pueden emplearse en toda la Unión
Europea y en cualquier lengua comunitaria para el etiquetado y la publicidad de un producto ecológico, según el Reglamento 834/2007.

Entonces, ¿qué es un alimento natural?

Entendiendo el reglamento, donde el uso de la palabra
«natural» está sujeto a que la condición para la que se refiere
se cumpla de manera natural, y recordando que «lo definido
no entra en la definición», podemos decir que, en esta cuestión, la legislación resulta bastante parca.

A niveles prácticos, podemos decir que hay una laguna
legal enorme. Y por tanto «un alimento natural es, simplemente, aquel que se llama a sí mismo natural». Es la única
respuesta válida que se puede encontrar con la legislación en
la mano.

Sería tan válida y útil como una nueva alegación que ins-
pire confianza pero que fuese muy complicado de definir.
Un ejemplo podría ser la declaración «extraordinario/ex-
traordinariamente».

Siguiendo la misma lógica del «natural/naturalmente»
solo se podría utilizar cuando ese producto contuviera cantidades extraordinarias (que no voy a definir, por supuesto)
del nutriente de interés: «Esta leche es una fuente extraordi-
naria de proteínas».

ENTONCES, ¿DEBEMOS COMPRAR NATURAL?

Viendo las inexistentes garantías del término por parte de la legislación, nos sirve para más bien poco. Es más, los términos «natural» o «100 % natural» en el etiquetado suelen ser muestras y llamadas de atención de alimentos que se autodenominan así, sin abundar precisamente sus versiones saludables. Embutidos, pan de molde, galletas o zumos, entre otros, han usado esta terminología en sus envases.

De ahí que en alimentación se utilicen muchas veces los términos «materia prima» o «productos sin procesar», pues la palabra «natural» ha sido secuestrada para usarla de manera poco adecuada en muchos productos poco convenientes.

Hasta que nos la devuelvan, tendremos que seguir haciendo hincapié en materias primas sin procesar, para que se entienda lo que queremos divulgar. Siguiendo esta misma línea, otras recomendaciones que, aunque generalizan en gran parte, son buenas pautas porque muy probablemente mejorarán una compra estándar, son: más mercado y menos supermercado. Compre alimentos que no tengan etiqueta.

Mito 15

«El azúcar es necesario»

Si el comunicado de la OMS sobre el cáncer y la carne roja conllevó un revuelo importante en los medios, las nuevas recomendaciones sobre el consumo de azúcar de esta misma organización no tienen nada que envidiar en repercusión mediática.

Tal como pasaba en el caso de la carne roja, no deja de ser una recomendación ante una realidad ya conocida desde hace mucho tiempo. Llevamos años acumulando evidencias que nos muestran que el consumo de azúcar se asocia a la obesidad, que el aumento de la cantidad de azúcares en la dieta está asociado a un incremento de peso, que los niños con los niveles más altos de consumo de bebidas azucaradas tienen más probabilidades de padecer sobrepeso.

Por si fuera poco, cada vez tenemos más casos de diabetes mellitus en niños y adolescentes, cuya causa principal es una mala alimentación, sobre todo, con demasiados productos azucarados. Además, hay otros datos muy contundentes sobre caries que también lo apoyan, y es este uso de los pocos efectos perjudiciales para la salud que reconoce la industria del azúcar.

Simplemente era una cuestión de tiempo que la OMS pasara a la acción.

El azúcar es una de las sustancias más consumidas en nuestra alimentación. Esto no sucede generalmente como un acto consciente, con la adición del azúcar de mesa o sacarosa a nuestros alimentos, sino que es una consecuencia de incluir en nuestra dieta productos alimentarios que incorporan azúcar o derivados en su composición.

¿QUÉ NOVEDADES INTRODUCE LA OMS EN LAS NUEVAS DIRECTRICES DE CONSUMO DE AZÚCAR?

Tradicionalmente, se recomendaba por parte de este organismo que el azúcar en la dieta no excediera el 10 % de las calorías que tomamos al día.

Ahora, con las nuevas directrices, el consumo de azúcares libres se debería reducir a la mitad de esta cantidad, tanto para los adultos como para los niños.

La directriz señala que una reducción de incluso más (por debajo del 5 % de la ingesta calórica total) produciría beneficios adicionales para la salud.

El 5 % de la energía que necesita un adulto en normopeso, cuyas necesidades energéticas diarias rondan entre las 2.000-2.200 kcal, es aproximadamente 100-110 kcal.

Un refresco de 33 cl tiene 132 kcal y todas ellas provienen del azúcar. Con una sola lata habríamos superado la cantidad máxima diaria de azúcar.

¿LA RECOMENDACIÓN CONSIDERA POR IGUAL TODOS LOS HIDRATOS DE CARBONO?

No. Ya que no todos los hidratos de carbono tienen el mismo efecto en nuestro cuerpo; esto no se refiere, por ejemplo, al almidón de un cereal o de una legumbre.

La recomendación se refiere en exclusiva a los efectos de los «azúcares libres». Estos incluyen los monosacáridos y los disacáridos que los fabricantes añaden a los alimentos: el azúcar que se usa en productos procesados, bollería, refrescos, etc., y también el de las bebidas y los zumos de fruta.

Por tanto, estas recomendaciones no se aplican al consumo de los azúcares intrínsecos propios de las frutas o las verduras frescas.

¿POR QUÉ ADICIONA LA INDUSTRIA TANTO AZÚCAR A LOS PRODUCTOS PROCESADOS?

Dependiendo del caso, se hace por muy diferentes motivos.

Los productos que están orientados al consumidor buscan mejorar la aceptación del producto creando una sensación agradable al ingerirlo. Este es el principal motivo, puesto que el azúcar es además una sustancia altamente estimulante y que podría provocar en el futuro volver a adquirir ese mismo producto.

No obstante, la adición de azúcar también tiene funciones tecnológicas, ya que muchos alimentos se conservan mejor cuando tienen azúcar en su composición.

En general, su incorporación responde a la necesidad de obtener perfiles de alimentos que buscan ser por lo general:

- Baratos (es una materia prima muy económica).
- Agradables al paladar.
- No perecederos.

Estas tres cuestiones convierten los productos azucarados en una mercancía de alta rentabilidad para la industria alimentaria, y de ahí su interés por colocarla en el mercado.

¿TENEMOS QUE TOMAR ALGUNA CANTIDAD MÍNIMA DE AZÚCAR?

Si lo miramos única y estrictamente desde el punto de vista de la salud, el azúcar es totalmente prescindible, y sería recomendable reducirlo todo lo posible.

Durante mucho tiempo hemos recibido el mensaje de «Hay que tomar azúcar por la mañana» o «Voy a tomar algo de glucosa para espabilarme», a pesar de que eso realmente no funciona así. Como hemos visto en el capítulo 6, no hay ningún motivo para tener que hacer un desayuno azucarado ni incorporar sacarosa en ningún otro momento del día. Esto es lo que nos han hecho creer año tras año.

Muy diferente es la necesidad de tomar hidratos de carbono, molécula conveniente para nuestro organismo, puesto que nuestro cuerpo la utiliza para obtener energía. Hay muchos tipos de hidratos de carbono que finalmente acaban transformándose en glucosa. Pero cuanto más complejos se los facilitemos al cuerpo, menos nocivo será el impacto en nuestra salud.

Esto es lo que convierte a los cereales integrales y a las legumbres en fuentes saludables de hidratos de carbono, ya que su azúcar se absorbe de manera más pausada, mientras que los zumos, los refrescos, los dulces y la bollería contienen azúcares libres que generan una respuesta glucémica muy exacerbada.

El hecho de que no sea saludable no debe hacernos pensar que tiene que eliminarse por completo de nuestra dieta. Se puede hacer un uso social responsable dentro de nuestras vidas, siempre y cuando su ingesta sea muy reducida. Insisto: muy reducida.

No se trata de un alegato por la moderación que se malinterpreta, como pasaba en el capítulo 4, sino de un uso cultural para ocasiones excepcionales.

Lo importante es tener muy claro que como sustancia alimenticia, el azúcar aporta muy poco. Lo consideramos dentro de las llamadas calorías vacías.

¿POR QUÉ ES TAN POCO SALUDABLE EL AZÚCAR?

El motivo no es solo esas calorías vacías, que quiere decir que nos proporcionan energía pero no otros nutrientes. Además se producen dos fenómenos asociados a tener en cuenta:

El primero es el desplazamiento de otros alimentos (si tomas azúcar dejarás a un lado otro tipo de alimentos más interesantes y nutritivos que aportan más nutrientes que solo sacarosa).

El segundo alude a los efectos fisiológicos y hormonales que provoca el exceso de azúcar.

Más allá de ofrecernos solo calorías, un gran consumo de este aditivo nos provoca una serie de fenómenos en nuestro organismo nada deseables: picos de glucemia, inflamación, acúmulo de grasa visceral..., que predisponen al sobrepeso y a la diabetes mellitus.

¿CÓMO SE HA TOMADO LA INDUSTRIA DEL AZÚCAR TODO ESTO?

No muy bien. En realidad, esta decisión llevaba mucho tiempo haciéndose esperar, y en toda esta demora han tenido mucho que ver las grandes compañías.

De hecho, hay documentación histórica y científica de cómo la industria alimentaria influye hasta en las leyes. En Estados Unidos tenemos el ejemplo de cómo se ignoraron las caries a mitad de siglo, donde se intentó apartar el foco de atención del papel que tuvo el azúcar en el desarrollo de esta afección dental. La industria que rodea el mundo del azúcar ha intentado echar balones fuera en la relación de esta sustancia con la salud. De manera que se han buscado otros actores principales en la epidemia mundial de obesidad, siendo estos el sedentarismo, el consumo de grasa o los malos hábitos alimentarios, entre otros; variables que por supuesto solo explican parte del problema y no son los actores principales.

En Reino Unido tenemos otros claros ejemplos de presión de la industria a la hora de aprobar esta legislación, con casos en los que se ha intentado influir a políticos a la hora de subir los impuestos a las bebidas alcohólicas o las quejas del reciente impuesto a los refrescos. Y en nuestro país tenemos, por ejemplo, el caso de la publicidad infantil, que está autorregulada por la propia industria, o el caso de las guías alimentarias (capítulo 5).

Hay estudios que muestran cómo las investigaciones sobre los efectos del azúcar financiadas por la industria alimentaria dan resultados completamente opuestos a los públicos. Mientras que el 80 % de los estudios independientes suelen mostrar una relación contundente entre el azúcar y los problemas de salud, aquellos pagados por la industria muestran todo lo contrario. Si un proyecto que pretende determinar cómo el azúcar influye en la salud está financiado por la industria, suele concluir diciendo que existe ambigüedad o que la relación no es clara. En cambio, si el estudio es independiente, muestra esta relación de una manera mucho más contundente.

En España, existe un documento que es un ejemplo de la influencia de la industria en parte de la comunidad científica. Se trata del Libro blanco del azúcar, un claro manifiesto sesgado que intenta cerrar filas y defender esta sustancia a pesar de los estudios que hemos citado anteriormente; un libro que, por cierto, no refleja el conflicto de interés de sus autores, un «olvido» más que importante.

El entramado de compañías que funciona con azúcar en alimentación es enorme, y su trascendencia en el consumo puede ser importante. Pero en salud pública, por definición, se debe velar por el bienestar de la ciudadanía y no buscar los beneficios de unas empresas.

¿Cómo defiende la industria la presencia del azúcar?

El azúcar es importante para la dieta de cualquier persona, ya que es el principal motor del cuerpo.

Esta frase es una verdad a medias: es cierto que el azúcar es importante en nuestras dietas, ¡demasiado importante!, pero por su excesiva presencia.

Sin embargo, no ocurre en el sentido crucial que se da a entender. No hay ningún producto alimenticio que sea obligatorio como tal; no importa que sea azúcar, leche, carne o cereales. No hay ningún alimento que sea imprescindible, ni siquiera ningún grupo de alimentos. Por lo que la frase induce a error y da a entender que el azúcar es necesario.

Nada más lejos de la realidad: el azúcar no solo no es necesario, sino que es contraproducente.

Tampoco es «el principal motor de nuestro cuerpo». El organismo utiliza tanto hidratos de carbono como proteínas y grasa, e incluso cuerpos cetónicos, si lo necesita. En el caso concreto de la glucosa, proviene de muchos alimentos diferentes, por lo que obtenerlo a través del azúcar es una de las muchas formas de hacerlo (y además pésima). Al ingerir cualquier otro alimento, supongamos legumbres, cereales o tubérculos, estamos ingiriendo muchos otros nutrientes que acompañan al alimento y que los hacen más convenientes y nutritivos que la sacarosa.

ECHANDO BALONES FUERA: «LA CULPA ES DEL SEDENTARISMO»

La industria alimentaria del azúcar también suele culpar al sedentarismo de la crisis de obesidad actual, achacando el exceso de peso a la falta de ejercicio físico. Por supuesto que el sedentarismo es preocupante, pero ello no exime al azúcar y a los productos ultraprocesados, ricos en azúcar, de su problemática. La ausencia de ejercicio no solo es preocupante desde el punto de vista de quemar calorías, sino de la omisión de todos sus beneficios para el cuerpo. La obesidad es un problema mucho más complejo que la simplificación de «nos movemos poco», porque también comemos peor, factor que lo explica, sin duda.

La actividad física puede servir para amortiguar los efectos de una mala dieta, pero es la alimentación la que causa el sobrepeso y la obesidad. Para poner un ejemplo clarificador: solo excepciones metabólicas o problemas de salud desencadenan que una persona se vuelva obesa si se alimenta bien.

En cambio, hay millones de personas obesas, a pesar de hacer actividad física, porque tienen una mala dieta.

A día de hoy existen más personas en el mundo que sufren las consecuencias del sobrepeso y la obesidad que del hambre extrema. En el siglo XXI, la mayoría de muertes en los países del norte del planeta es por motivos conductuales, es decir, por enfermedades no transmisibles, provocadas por los malos hábitos.

En la actualidad, los factores de riesgo que matan a más

personas en el mundo son: la obesidad provocada por una dieta poco saludable, el consumo de alcohol, el sedentarismo y el tabaco.

Hoy por hoy, la mayor causa de muerte en el planeta es matarse a uno mismo, poco a poco...

Mito 16

«Tomar un poco de alcohol es bueno para el corazón»

Hemos vivido varias décadas oyendo decir que «un vasito de vino al día es bueno para el corazón», «una cañita al día ayuda a la salud», «el chupito de después de comer es digestivo». ¿Quién no ha escuchado alguna de esas frases salir de una boca en forma de recomendación casi intachable?

Abanderado con la idea de «consumo moderado», el alcohol ha entrado en nuestros oídos de forma imperiosa, como un elefante en una cacharrería, tanto, que ha creado una disonancia hasta en las personas abstemias: tan intensa ha sido esta vinculación de alcohol y salud que se ha llegado incluso a hacer creer a la población que si dejabas de tomarte esa copita de vino estabas desperdiciando una oportunidad. Como un elixir que pasa delante de tus ojos y se esfuma, un brebaje mágico que acompaña a tus tapas, parece que no tomar vino es como estar dando un paso atrás en tu salud. Así, es normal que la gente no tenga claro si resulta mejor no beber que beber un poco.

¿En qué se basan los estudios que dicen que el alcohol es saludable?

En estudios observacionales, los cuales no sirven para marcar este tipo de relaciones tan claras. Y mucho menos deben servir para acabar concluyendo que una bebida alcohólica se vincula con la salud.

Los estudios en los que se basaba toda la maquinaria que justificaba el consumo de alcohol no eran lo suficientemente serios como para recomendarlo.

Se ha confundido el mensaje de que su consumo es compatible con una dieta equilibrada y, directamente, se le ha atribuido propiedades saludables, que no las tiene. Una mentira repetida cien veces se ha convertido en una verdad a medias, e incluso gente abstemia empezó a beber su vasito de vino al día.

Uno de los fenómenos que más se ha utilizado para justificar el consumo de alcohol es el de la paradoja francesa.

Correlación no es causalidad: la paradoja francesa

Este término se atribuye al irlandés Samuel Black, un cardiólogo que, a finales del siglo XIX, vio que la incidencia de accidentes cardiovasculares en Francia era menor que en Irlanda. Los resultados parecían sorprendentes en un país con un alto consumo de grasa, especialmente saturada, en una época donde este nutriente estaba en el punto de mira como una de las causas de estas afecciones (tal como vimos en el capítulo 9).

A esta observación se le unen los artículos que, a finales de los años ochenta, empiezan a publicarse sobre este fenómeno, y que señalan que en Francia, a pesar de tener un alto consumo de grasa, no sufren tanto las enfermedades cardiovasculares. En esos estudios se apuntaba al vino como un factor protector a tener en cuenta, ya que el nivel promedio de consumo de alcohol en Francia era muy alto.

También contribuyen en gran medida los estudios con una distribución de mortalidad en los gráficos en forma de J. En ellos se observaba que las personas que consumían cantidades moderadas de alcohol tenían menos riesgo de morir. Pero ¿ello se debía en exclusiva al consumo de alcohol?

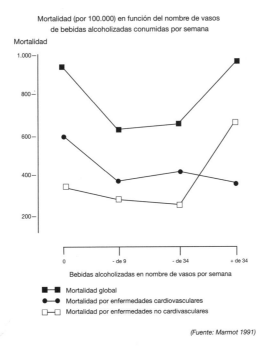

(Fuente: Marmot 1991)

En un estudio observacional no se puede sacar esta conclusión tan precipitada.

Realmente, y con el tiempo, nos hemos dado cuenta de varias cosas:

- Que el contenido de grasa total de la dieta francesa no era un riesgo en sí mismo.

- Que la grasa saturada no era tan mala como la pintaban.
- Que el alcohol no es tan cardioprotector como se pensaba.

A día de hoy, la paradoja francesa se entiende como desmentida. Sus hipótesis no son ciertas y sus resultados son explicables por cuestiones socioeconómicas.

Un ejemplo que puede ayudar a comprenderlo es el hecho de que las limusinas se correlacionen con las personas ricas. Pero nadie en su sano juicio piensa que las limusinas sean la «causa» de que alguien se vuelva rica.

¿Y si el consumo moderado de vino está asociado a un ocio activo y social? ¿No puede ser sinónimo de conocer a más gente y, por tanto, de una mayor actividad diaria? ¿No puede ser sinónimo de tener más relaciones sociales o salud mental? ¿No puede ser sinónimo de que quien siga esa pauta es una persona que, en general, toma decisiones moderadas?

¿Y si las personas que beben alcohol con moderación son las más sanas porque están preocupadas por su salud y han oído decir que hacer eso es precisamente lo correcto?

EL RESVERATROL: ANTIOXIDANTE PARA JUSTIFICAR SU CONSUMO

Por supuesto, la justificación científica existe: los argumentos se basan en que el vino posee algunas sustancias bioactivas que pueden actuar como protectores clave a la hora de desarrollar factores de riesgo cardiovascular, como la aterosclerosis. Algunos de estos efectos se han atribuido a mecanismos de señalización celular, interacciones a nivel genómico, modificaciones bioquímicas de los componentes celulares y plasmáticos. También se afirma que estos componentes pueden aumentar la biodisponibilidad del óxido nítrico y beneficiar así la vasodilatación sanguínea, disminuir la viscosidad de la sangre, mejorar la sensibilidad a la insulina, contrarrestar o inhibir la hiperactividad de las plaquetas o reducir los factores de coagulación. Es decir, hipótesis a patadas.

¿Los responsables? El propio alcohol, el resveratrol u otros polifenoles.

Pero este no es sino otro claro ejemplo de nutricionismo, puesto que el mensaje se centra en unos pocos componentes del vino presentes en miligramos y obvia el hecho más importante de su composición: que el 12 % de la bebida es etanol.

Además, cabe destacar que la actividad de muchos de estos compuestos antioxidantes suele limitarse a situaciones *in vitro*. Es decir, funcionan en el laboratorio pero no son beneficiosos en el cuerpo.

De ahí a que los efectos en nuestra salud sean atribuidos al consumo de vino hay un gran trecho.

¿ES SALUDABLE EL ALCOHOL CON MODERACIÓN?

No podemos olvidar que el alcohol es una de las tres áreas prioritarias mundiales en salud pública. A pesar de que solo la mitad de la población mundial bebe alcohol, su consumo es la tercera causa de enfermedad y muerte prematura a nivel mundial, después del bajo peso al nacer y las prácticas sexuales sin protección, incluso por encima del tabaco.

En Europa, el alcohol también es el tercer factor de riesgo más importante de enfermedad y mortalidad, después del tabaco y la hipertensión arterial.

El documento que ha elaborado la Oficina Regional de la

OMS en Europa presenta algunas relaciones con la supuesta prevención que ejercería el consumo moderado de alcohol en la enfermedad cardiovascular. Es importante que sean conocidas por los profesionales sanitarios:

- El efecto protector del consumo moderado de alcohol solo se observa en la enfermedad isquémica, que solo es un tipo de los muchos tipos de enfermedades cardiovasculares existentes.
- Dicho efecto protector no es aplicable a jóvenes.
- Este efecto protector, en personas mayores, es despreciable si se compara con el efecto del ejercicio y la dieta sana. El efecto protector es probable que se observe en los estudios sin haber tenido en cuenta factores de confusión (mayor nivel socioeconómico, cultural, etc.).
- El alcohol es, según la OMS, perjudicial para el sistema cardiovascular.

Una vez dado el varapalo a la cañita juvenil, al anís de la abuela, a la propia metodología de los estudios que lo venden como panacea, y limitar su efecto a la enfermedad isquémica, el informe sentencia con una frase para que no haya dudas:

El alcohol es teratogénico, neurotóxico, adictivo, inmunosupresor, perjudicial para el sistema cardiovascular, carcinogénico y aumenta el riesgo de muerte.

El estudio EPIC (European Prospective Investigation of Cancer) concluye con la existencia de un 10 % de cánceres en hombres y un 3 % en mujeres atribuibles al alcohol. Traducidos a cifras: 57.600 y 21.500 cánceres, respectivamente.

¿HACE FALTA CONSUMIR MUCHO ALCOHOL PARA QUE EMPIECE A SER PERJUDICIAL?

En el año 2008 la OMS ya lo dijo claramente: «No hay un nivel de consumo de alcohol libre de riesgos». Los problemas de salud empiezan a ser perceptibles incluso desde consumos presuntamente moderados.

En el estudio EPIC, casi la mitad de los cánceres, en el caso de los hombres, y un 30 %, en el caso de las mujeres, afectaron a personas que consumían menos alcohol del que se fija como límite superior. Este dato apoya la idea de perseguir la abstinencia con el fin de reducir la incidencia de esta enfermedad.

No hay límite por debajo del cual el riesgo de cáncer disminuya. Así pues, aunque cantidades bajas o moderadas de alcohol pudieran disminuir el riesgo de enfermedad cardiovascular y mortalidad, el efecto neto de su consumo es perjudicial. Por ello, tomar bebidas alcohólicas no debería recomendarse para prevenir la enfermedad cardiovascular o la mortalidad por cualquier causa.

ALGUNOS POSICIONAMIENTOS Y OPINIONES

La Agencia Internacional de Investigación sobre el Cáncer (AIIC), organismo que forma parte de la Organización Mundial de la Salud, recuerda que existe una relación causal entre el consumo de alcohol y los cánceres de hígado, mama, colon o intestino, tracto digestivo, boca, garganta y esófago.

En relación al consumo de alcohol, la Asociación Americana del Corazón (AHA) afirma: «No es recomendable beber vino ni cualquier otra bebida alcohólica para conseguir los potenciales beneficios cardiovasculares».

El Institute of Alcohol Studies del Reino Unido señala que «el alcohol aumenta el riesgo de enfermedad de forma geométrica a la dosis».

La Sociedad Española de Medicina de Familia y Comunitaria recomienda que «en ningún caso, los profesionales sanitarios deben enfatizar públicamente las posibles ventajas del consumo moderado, porque es un mensaje equívoco, ambiguo y peligroso».

El Grupo de Revisión, Estudio y Posicionamiento de la Asociación Española de Dietistas-Nutricionistas (GREP-AEDN) defiende que «de ninguna manera se debe promover el consumo moderado de alcohol en la población».

Sobran motivos para cortar nuestra filosofía de enorgullecimiento por el consumo de alcohol. Especialmente cuando el clima social que hay hacia una sustancia determina en gran medida su perpetuación. En su día, el tabaco era un símbolo de admiración, de estatus y distinción, se fumaba para integrarse socialmente, pero ahora hay un sentimiento de rechazo generalizado.

El consumo de alcohol requiere de una reflexión profunda, de analizar el ejemplo que se proyecta especialmente a los jóvenes cuando mostramos en televisión a deportistas, políticos o famosos promoviendo su consumo. También deberíamos plantearnos los modelos de turismo que vendemos, así como nuestras fiestas populares.

Entonces, y solo entonces, nos daremos cuenta del entresijo de incoherencias, y podremos decir que hemos recomendado alcohol por encima de nuestras posibilidades.

¿POR QUÉ SE HA PROMOVIDO INNECESARIAMENTE?

Es culpa tanto de las organizaciones e instituciones de salud como de los medios. Hay que reconocer que la transmisión del mensaje ha sido inadecuada. Por un lado, por estar a merced de los intereses empresariales, y, en muchas ocasiones, porque el personal sanitario ha repetido como un papagayo las pautas que escuchaba que eran saludables.

La presión de la industria del alcohol en España ha sido muy importante para perpetuar este mensaje e incluso, como vimos en el capítulo 5, podría haber llegado a influir en la confección de las guías alimentarias. De hecho, la labor constante del Centro de Información Cerveza y Salud se centra en divulgar la cara amable de estas bebidas, mostrando solo una parte de la información, obviando de manera sistemática los perjuicios del alcohol para la salud. Como pudimos ver, tanto el vino como la cerveza aparecen en nuestra pirámide alimentaria y en la Pirámide de la Hidratación de la SENC se hace alusión directa a las «propiedades saludables del consumo moderado en adultos sanos».

La presión ha sido tal que incluso cuando ciertos gobiernos nacionales y regionales quisieron tomar medidas antibotellón, se hicieron grandes esfuerzos por parte de la industria para que se permitiera la compra nocturna de bebidas alcohólicas fermentadas.

Mito 17

«La obesidad es cosa de ricos»

Puede resultar extremadamente paradójico, pero es una realidad que, actualmente, las personas con menos recursos tienen mayores tasas de sobrepeso y obesidad.

La creencia de que la obesidad es un problema de una aristocracia asentada en una vida acomodada es cosa del pasado. Hemos pasado de una situación en la cual la obesidad era exclusiva de los más ricos, y sinónimo de opulencia y exceso, a un mundo en el que el sobrepeso es una epidemia mundial que afecta a todas las clases sociales, pero en especial al estrato socioeconómico más humilde, y a los países en desarrollo. ¿Cómo es posible que hayamos llegado a esta situación?

LA RESPUESTA ES SENCILLA: COMER MAL ES BARATO

Para entenderlo bien, hay que huir de la falsa creencia de que las dietas saludables son caras, puesto que no lo son. El motivo de este pensamiento radica justo en un hecho opuesto: adquirir comida de ínfima calidad nutricional es lo más asequible para mucha gente.

Esto es una consecuencia del uso de materias primas baratas en los productos alimenticios. Mientras que las verduras y frutas muchas veces están a un precio excesivo para algunas personas, los dulces, la bollería y los productos ultraprocesados cuentan con unas amargas ventajas que los convierten muchas veces en la elección de conveniencia.

Dando un paseo por un supermercado podemos comprobar fácilmente que una bolsa cargada de un gran número de unidades de bollería tiene un precio muy bajo. ¿A qué se debe esto? Principalmente a que la materia prima es muy barata: harina y azúcar.

Por si fuera poco, se le une un factor extra: el producto no es perecedero, con lo cual no hay que invertir recursos en almacenarlo, y dura mucho más en casa. Además, nos resulta muy rico, porque como es dulce y muy palatable produce señalizaciones de recompensa muy agradables en nuestro cerebro.

Este tipo de productos se ha convertido, por tanto, en la alternativa rica, fácil y barata para muchas personas.

SE PUEDE ESTAR MALNUTRIDO Y CON SOBREPESO

Estos dos aspectos son los que propicia la malnutrición:

- Una desnutrición en cuanto a calidad de la dieta, ya que no se ingieren todos los nutrientes necesarios para llevar una dieta saludable.
- Una sobrenutrición energética, producida por un exceso de energía, de las llamadas kilocalorías vacías sin interés nutricional. Esta se basa principalmente en un exceso de harinas, almidones y azúcar, así como de grasas poco saludables.

En resumen, podemos afirmar que se puede estar en situación de sobrepeso, pero a la vez desnutrido desde el punto de vista cualitativo.

Cuando esta situación sobrepasa el ámbito individual o familiar, haciéndose extensiva a una comunidad entera, esa región tiene que afrontar lo que se conoce como la doble carga de la malnutrición. Este fenómeno supone la convivencia de problemas de salud crónicos (como el sobrepeso, la obesidad, la diabetes...) con otras patologías de desnutrición (hambre, anemia, desnutrición proteica), lo que supone una excesiva carga para muchos países o comunidades.

Este mismo patrón se reproduce en las comunidades pobres de nuestro país, sobre todo en las familias con pocos recursos, en etnias en riesgo de exclusión social o en la población inmigrante.

La obesidad ha dejado de ser una estampa de un comedor de ricos y se ha convertido, tras el hambre, en el segundo problema alimentario del planeta, también en países pobres. Actualmente, hay 600 millones de personas con obesidad y la mayoría de ellas están en países en vías de desarrollo. La obesidad muestra su cara más cruel con quienes más lo necesitan y se convierte en un problema añadido a lo que es un drama de por sí.

No es la opulencia la que causa el sobrepeso, sino la falta de información y recursos.

ALIMENTACIÓN EN TIEMPOS DE CRISIS

¿Cómo ha afectado la crisis a lo que comemos hoy en día? ¿Hemos recortado mucho en nuestra alimentación? La respuesta es sí, hemos aplicado recortes a nuestra alimentación y el resultado ha sido notable.

El factor principal que explica los cambios que hemos sufrido es la cantidad de dinero que destinamos a la cesta de la compra, que se ha reducido bastante.

El descenso medio se ha situado en unos 120 euros menos al año por familia, aunque la situación varía mucho de unas comunidades autónomas a otras. Donde menos se gasta es en Canarias y en Extremadura, comunidades que además han sufrido bastante este descenso.

Más allá de lo que pueda suponer gastar menos dinero en la cesta de la compra, lo preocupante es llegar a esa situación. Cuando hay una caída del gasto en alimentación es una señal de alerta. No es ocio, no es cultura, no es ropa...; la comida es siempre una de las últimas partidas en las que se recorta.

Pero también ha afectado a los hábitos: la crisis ha provocado que se coma más en casa y menos fuera, consecuencia casi directa del desempleo, provocando que se compre sobre todo en supermercados, aunque, curiosamente, para los alimentos frescos, preferimos de forma mayoritaria las tiendas tradicionales.

Los productos frescos (frutas, verduras, carnes, pescados, huevos y leche), aunque se han ido incrementando desde 2008, todavía siguen siendo menos de la mitad del consumo total de alimentos. Se consumen más legumbres también, por ser baratas y completas, recurridas en estas situaciones.

Sin embargo, entre los pocos productos en que las familias han incrementado el gasto en estos tres años, se encuentran las bebidas, un poco la carne (porque ha habido un movimiento de pescado a carne) y también el azúcar y otros dulces. Las marcas blancas se han hecho más importantes y ya abarcan el 40 % de las ventas en supermercados.

¿SE COME PEOR CUANDO DESCIENDE EL PODER ADQUISITIVO?

La respuesta rápida es sí. En cantidad, sin duda: teniendo en cuenta el número de personas que pueden comer es objetivamente cierto. En el año 2007, 700.000 personas se beneficiaron de la labor de los bancos de alimentos. Cinco años más tarde, más del doble (1,5 millones de personas).

En cuanto a la calidad, depende: podríamos decir que existen luces y sombras. El hecho de tener que priorizar los recursos económicos limita la posibilidad de adquirir toda la gama; sin embargo, el hecho de que haya más personas desempleadas ha liberado a más personas, que pueden destinar más tiempo a la economía doméstica.

En definitiva, podemos concluir que, cuando a nivel poblacional hay modificaciones en el gasto alimentario, hay repercusión en términos de salud. Algunos son positivos, como el aumento de las legumbres o la reducción de las comidas fuera de casa, pero, en términos generales, la crisis favorece la compra de productos menos nutritivos, altamente procesados y ricos en calorías, lo que contribuye a fomentar una alimentación poco saludable. Ante la situación actual, es comprensible, por tanto, que haya habido este incremento en su demanda.

Los niños también sufren las consecuencias de la inseguridad alimentaria generada por la crisis. UNICEF estima que 2,2 millones de menores en España viven en la pobreza, lo que supone malnutrición. Casi un 5 % de la población española no puede afrontar la alimentación de su día a día, y este es sin duda el reclamo de ayuda más solicitado.

Se ha detectado una tendencia al empeoramiento de la calidad dietética y un aumento de los alumnos que llevan a la escuela un *tupper* que no siempre es completo, al no poder pagar sus familias el coste del menú escolar.

El hecho de comer comida casera no debería implicar alimentarse de una manera menos sana, especialmente si consideramos que muchos comedores escolares de algunas comunidades autónomas no es que tengan precisamente un menú ideal. Lo que importa es qué se introduce en el *tupper*, y se da el caso de familias que simplemente desechan la fiambrera por el simple hecho de no tener que afrontar la vergüenza por no poder afrontar el pago del comedor. Es curioso cómo al final es la familia la que tiene que cargar con la culpa, con la vergüenza, con la indignidad.

El recorte en la cesta de la compra se acompaña de hábitos poco saludables que favorecen la obesidad. En general, todo esto contribuye a la vulneración del derecho a una alimentación sana y, como consecuencia, a una situación de inseguridad alimentaria.

EL HAMBRE: UN FRACASO COMO SOCIEDAD

Si se analiza fríamente, podríamos concluir que la perpetuación del hambre en el siglo XXI es un fracaso de la humanidad. Es una derrota como especie dominante de este planeta. Tan especista en unas cosas y tan poco empática en otras. Nos enorgullecemos de nuestro impacto en ámbitos intrascendentes, pero no somos incapaces de actuar de una manera organizada ante la desnutrición de nuestros iguales.

Esta situación no solo es deleznable desde el punto de vista humano. Dejar que se muera gente por una mala distribución de nuestros recursos es vil y cruel; es el fiel reflejo de nuestro fracaso como sociedad.

Pero ahora se recrudece con una industria que saca tajada económica a costa de vender alimentos baratos e insanos a toda esta cuña de población.

Esta crueldad ya no solo se produce por no querer entender este problema como una prioridad mundial. No supone solo dar la espalda al sur del planeta, sino ignorar a los hambrientos y pobres que caminan a nuestro lado, con los que nos cruzamos en los bares, cajeros, bancos y parques de nuestras ciudades.

¿Cuánto cuesta un plato de lentejas y un techo para dormir? ¿De verdad no puede un gobierno local, regional o nacional habilitar una zona digna y garantizar un plato de comida y una litera para cada persona que vive en la calle? ¿No hay dinero o no hay voluntad?

Mito 18

«Los alimentos funcionales mejoran nuestra salud»

Los alimentos funcionales surgieron en Japón como una manera de mejorar la salud de la población, intentando aportar, más allá de nutrientes, funciones fisiológicas que repercutieran positivamente en las personas.

Los alimentos funcionales son modificaciones de los alimentos convencionales para hacerlos más saludables, mediante la adición o supresión de alguno de sus compuestos.

Hay que reconocer que este enfoque teórico suena realmente bien, pero la aplicación práctica de los alimentos funcionales ha dejado mucho que desear.

En primer lugar, este universo parte de una premisa incorrecta, y es que puede dar a entender que los alimentos funcionales llegan a ser más saludables que los convencionales. Este es un error que resulta muy difícil de sacudir de nuestras mentes, ya que la percepción de que un producto se haya diseñado «para algo» parece primar sobre todo. Este es el motivo por el que una leche enriquecida en calcio nos parece más saludable que una col de Bruselas. Además, según la normativa vigente, la col de Bruselas no podría incluir ningún tipo de declaración nutricional o de salud, mientras que la leche sí lo tendría autorizado.

De nuevo, un caso de nutricionismo llevado a la legislación, la publicidad y la práctica diaria que no facilita una elección responsable de alimentos.

¿QUÉ NOS CUENTAN LOS ALIMENTOS EN SU ETIQUETADO?

Cada vez más productos alimentarios vendidos en la Unión Europea contienen declaraciones nutricionales y de salud. Estas etiquetas mandan mensajes a los consumidores que influyen drásticamente en la elección de los alimentos. Pero ¿son estas declaraciones «limpias»? ¿Está todo bajo control y orientado para proteger a la población general? Desgraciadamente, no.

Podemos encontrar dos tipos de declaraciones en una etiqueta: las nutricionales y las de salud.

DECLARACIONES NUTRICIONALES

Una declaración nutricional afirma que ese alimento tiene unas propiedades nutricionales beneficiosas, como por ejemplo «bajo en grasas», «sin azúcares añadidos» o «alto contenido en fibra». Todas ellas son relativas al alimento y a su composición.

Solo unas pocas declaraciones nutricionales están permitidas, aquellas incluidas en el Anexo del Reglamento (CE) n.º 1924/2006, y tienen que seguir unos estrictos criterios cuantificables.

En este libro hemos visto las condiciones para usar la declaración «natural». La de «bajo en grasas» solo se puede declarar si ese producto contiene menos de 3 g de grasa por cada 100 g de producto. «Fuente de fibra» significa que ese producto contiene al menos 3 g de fibra por 100 g de producto, mientras que «fuente de proteína» requiere al menos un 12 % del valor energético del alimento proveniente de las proteínas. Los criterios están claros y bien definidos. Al tener toda una lista de condiciones contempladas, podemos decir que es un método objetivo para poder medir qué alimentos pueden llevar esas declaraciones y cuáles no.

Por supuesto, no es un sistema perfecto, y sigue suscitando ciertas dudas al consumidor. Como hemos visto en otros capítulos, las personas pueden llegar a confundir un alimento integral con la declaración «rico en fibra», o pensar que ciertas menciones como *light* o «sin azúcares añadidos» dan a entender que ese alimento es saludable.

DECLARACIONES DE SALUD

Si las declaraciones nutricionales, que son aparentemente fáciles de evaluar, inducen a confusión, cuando entramos en las declaraciones de salud, la cosa se complica todavía más.

Las de salud son un reclamo muy goloso, por lo que muchas empresas buscan incorporarlas a sus etiquetados para aumentar las ventas. Son aquellas frases que relacionan los alimentos con nuestra propia salud: ya no se trata de hablar exclusivamente de qué contiene un alimento, no nos habla del producto en sí, sino de lo que nos va a provocar en nuestro organismo.

Son mensajes que aluden a que un alimento pueda, por ejemplo, «ayudar al normal funcionamiento de las defensas del cuerpo» o a «un normal aprendizaje».

Anteriormente, conseguir una declaración de salud era un proceso muy arduo que implicaba una dura evaluación por parte de la Autoridad Europea de Seguridad Alimentaria (EFSA, organismo europeo que lo regula). Muy pocos alimentos lograban demostrar que mejoraban nuestra salud por sí mismos; ni siquiera un 1 % de las solicitudes llegaban a traducirse en realidad.

Actualmente, conseguir una declaración de salud es mucho más fácil mediante el uso de varias lagunas legales. Esta realidad ha provocado un excesivo fraude en este ámbito, y a numerosas empresas alimentarias ya no les es necesario invertir en I+D+I para poder alegar estas declaraciones en sus etiquetados.

Estas declaraciones está especialmente valoradas, siendo muy importantes para la industria alimentaria y las marcas, debido a que pueden incrementar la reputación y las ventas de un producto.

Es fácil entender que si conseguimos declarar que nuestro yogur «ayuda al normal funcionamiento del sistema inmunitario» podremos venderlo más caro y sacar un margen mayor de beneficio.

¿Cómo actúa la industria?

Hoy en día, en el contexto de esta regulación, algunas compañías están siguiendo una estrategia no muy limpia para obtener estas declaraciones. Destacan tres técnicas diferentes para dar a entender a la población que un alimento puede producirnos esos efectos beneficiosos que son tan deseados para aumentar el valor percibido del producto.

Técnica 1: Añadir al alimento nutrientes para usar una declaración de salud

El Reglamento europeo 432/2012, que legisla las declaraciones autorizadas sobre las propiedades saludables de los alimentos, tiene una lista de declaraciones aceptadas, relacionadas principalmente con diferentes nutrientes.

Lo que hace parte de la industria es añadir la cantidad necesaria de nutrientes para que ese alimento se convierta en «fuente de magnesio» o «fuente de hierro». De esa manera, como si de un videojuego se tratara, quedan desbloqueadas las declaraciones de salud de ese nutriente.

Aplicándolo a un ejemplo práctico, si a un alimento funcional le añadimos un 15 % de nuestra CDR (Cantidad Diaria Recomendada) de magnesio, ya podríamos alegar por ejemplo que «contribuye a una reducción del cansancio y la fatiga», «contribuye al balance electrolítico», «contribuye al normal funcionamiento del sistema nervioso», etc.

La Unión Europea se planteó en su día desarrollar una serie de perfiles nutricionales para definir qué clase de productos podrían llevar estas declaraciones y cuáles no. Querían evitar que alimentos de naturaleza poco saludable pudieran maquillarse con una declaración de salud.

Desafortunadamente, se acaba de rechazar la propuesta de establecer estos perfiles en el Parlamento Europeo, por lo que a día de hoy sigue sin estar contemplado un perfil nutricional mínimo, para evitar, por ejemplo, que un helado se convierta en «cardioprotector», al añadirle la cantidad específica de ácidos grasos omega-3, o que unas patatas fritas ayuden al tránsito intestinal solo por contener la cantidad requerida de fibra soluble. Un sinsentido legal.

TÉCNICA 2: DAR A ENTENDER LOS EFECTOS SALUDABLES DE MANERA INDIRECTA

Mediante el uso de frases que rozan el límite de la declaración de salud, muchas marcas han creado eslóganes para que se nos quede grabado su efecto, aunque no esté probado.

Sentencias del estilo «te cuida», «barrigas felices», «se nota», «ayuda a cuidar tu corazón», «sentirse ligero», etc., no son declaraciones prohibidas, pero no se deberían permitir. De hecho, la ley general de publicidad incluye un apartado de publicidad ilícita y destaca concretamente el uso de publicidad engañosa: «Es engañosa la publicidad que de cualquier manera, incluida su presentación, induce o pueda inducir a error a sus destinatarios, pudiendo afectar a su comportamiento económico, o perjudicar o ser capaz de perjudicar a un competidor».

Son muy conocidos los eslóganes de algunos zumos de países nórdicos que han decidido introducir en sus etiquetados declaraciones cómicas para tal efecto. En los supermercados suecos se pueden encontrar zumos que se publicitan como «Te da más inmunidad que Berlusconi», «Olvida el número de tu doctor» o «Vacaciones de verano embotelladas».

TÉCNICA 3: PONER EL NOMBRE COMERCIAL QUE TE APETEZCA

Finalmente, existe un último recurso que no da ningún rodeo.

Es el de cambiar directamente el nombre comercial del producto. A todos nos resultan comunes nombres de marcas comerciales de galletas o batidos que recuerdan a conceptos como «digestivo», «bueno» o «funciona», o incluso productos adelgazantes con referencias a términos como «reducir» o «adelgazar».

Estas prácticas son ejemplos de cómo, a pesar de tener un marco legal que regula el etiquetado nutricional, si no se actúa con firmeza, siempre se encuentra el método para acabar arrojando a la ciudadanía publicidad engañosa.

Incluso si modificamos la regulación, un hecho que es necesario hoy en día, nuevas estrategias poco éticas aparecerán para aprovecharse de las potenciales lagunas legales que deje el nuevo marco legal.

Por eso, además de perseguir la publicidad engañosa y ser estrictos con los mensajes que se lanzan a la población, es necesario garantizar una información rigurosa y de calidad, pero sobre todo desarrollar habilidades de pensamiento crítico en la ciudadanía.

Entender los efectos de un alimento en nuestro organismo no es tan fácil como comérselo; debemos comprender que no siempre un nutriente ni un solo alimento desarrollarán unas fantásticas mejoras en nuestro cuerpo a pesar de que lo diga una etiqueta.

Por último, cabe recordar que con una dieta saludable y completa no es necesario tomar ningún alimento funcional. De ser así, vale más la pena corregir la dieta que recurrir a parches de por vida.

Mito 19

Aditivos seguros, aditivos inocuos

El campo de los aditivos alimentarios es uno de los aspectos más viscerales que hay en la alimentación. Se encuentra lleno de prejuicios, desinformación y de posturas enfrentadas que llegan incluso a discutir de este tema con muy poco rigor y respeto.

Es demasiado común que, cuando se habla de estas sustancias, se acaben mezclando cuestiones éticas, filosóficas y creencias sobre la naturalidad, lo artificial en alimentación, conspiraciones, quimiofobia y naturofobia.

Hay principalmente dos bandos o posiciones enfrentadas en este aspecto y, por desgracia, muy pocos argumentos que integren lo aprovechable de ambas partes.

«LA COMIDA DE HOY EN DÍA ESTÁ LLENA DE QUÍMICOS»

Esta frase puede ser escuchada fácilmente en un entorno quimiofóbico. Denota, ante todo, la lejanía que tiene parte de la sociedad con la ciencia y en especial con la química.

Todo es química, por lo que la argumentación «Esto lleva químicos» es una frase construida sin sentido. Lo que esconde esta postura es un miedo a lo desconocido, a lo ajeno, a lo sintético. De ahí que existan muchas personas quimiofóbicas que rechazan de manera sistemática la intervención del ser humano en la alimentación.

Un ejemplo muy típico para ilustrar este miedo es el cambio de actitud que se tiene ante las diferentes nomenclaturas de algunos nutrientes que son aditivos al mismo tiempo. Es el caso de la vitamina C, también llamado ácido ascórbico o E-300.

Mientras que el término vitamina C está muy arraigado en la sociedad y asociado incluso con la salud, la terminología de E-300 vista en un etiquetado nutricional muy probablemente despertará escepticismo ante los consumidores. El ácido cítrico también es otra sustancia presente de manera natural en muchas frutas y verduras: es el E-330. Y algunos colorantes alimentarios, como la cochinilla, se obtienen a partir de insectos.

Nuestro cuerpo no entiende de orígenes de los nutrientes o los compuestos que ingerimos, y responde igual ante moléculas similares, independientemente de su lugar de procedencia. Ya se hayan obtenido en la naturaleza o en un laboratorio.

EL USO DE LOS ADITIVOS ALIMENTARIOS COMO POLÉMICA

Los aditivos son sustancias que se añaden a los alimentos con el fin de otorgarles propiedades tecnológicas interesantes. Esta gran familia de componentes es muy diversa y encontramos aditivos con muy diversas funciones: colorantes, conservantes, antioxidantes, correctores de acidez, espesantes, estabilizantes, emulgentes, potenciadores de sabor, edulcorantes...

Entre los diferentes usos que puede tener el adicionar aditivos a los alimentos, se encuentran algunos más orientados a la seguridad (conservantes), y otros que son más hedónicos o entendidos como prescindibles (edulcorantes, potenciadores de sabor o colorantes).

Puesto que los aditivos tienen entre sus condiciones de utilización el adicionarse solo en las cantidades necesarias, este uso prescindible o innecesario está muy cuestionado, sobre todo con los edulcorantes y colorantes.

¿EL USO DE EDULCORANTES ESTÁ JUSTIFICADO POR ALGÚN MOTIVO?

Los edulcorantes son aditivos que se utilizan en numerosos productos alimenticios para otorgarles un sabor dulce. ¿Y por qué se usan entonces, si podríamos utilizar un ingrediente como el azúcar? El motivo es muy sencillo: los edulcorantes aportan sabor dulce sin aportar las calorías y efectos fisiológicos que obtenemos con el azúcar.

Algunos de los más usados en España son:

- Sorbitol
- Manitol
- Acesulfamo-k
- Aspartamo
- Sacarina
- Xilitol
- Estevia

Cabe recordar que un excesivo consumo de productos azucarados contribuye a la ganancia de peso, también a la aparición de caries y complicaciones en enfermedades cardiovasculares. Este es el motivo por el que la sustitución de productos edulcorados, en lugar de azucarados, contribuye entre otras cosas:

- Al mantenimiento de la mineralización de los dientes (ya que previenen la pérdida de minerales en ellos).
- A la reducción de la glucemia después de las comidas (evitando picos de azúcar).

Que sean acalóricos (no nos proporcionan energía) también va de la mano con el hecho de que no nos aportan ningún nutriente.

¿SON SEGUROS LOS EDULCORANTES? ¿PROVOCAN CÁNCER?

Los edulcorantes que están autorizados para usar en nuestro país están regulados y siguen unas rigurosas pruebas de seguridad. Todo está recogido en el Real Decreto 2002/1995 de 7 de diciembre de 1995, y sus modificaciones posteriores.

Cuando se modifica la cantidad permitida de un aditivo, o se prohíbe su utilización, se debe a que la EFSA (Autoridad Europea de Seguridad Alimentaria) evalúa de manera continua la seguridad de los edulcorantes y actualiza la realidad con los nuevos estudios científicos. A veces se cambian los niveles permitidos o se retiran del mercado si son peligrosos para la salud. Esto es un proceso comprensible y normal.

El margen de seguridad de los aditivos es muy alto, de manera que consumimos cantidades ínfimas respecto a las que podrían causarnos problemas de salud.

La asociación cáncer-edulcorantes es un prueba de la tecnofobia y la quimiofobia que sufrimos en nuestra sociedad a lo nuevo y a lo químico, al entender que siempre son malos.

La palabra cancerígeno asusta mucho, pero todo depende de la dosis: si tenemos un consumo dentro de los límites establecidos, no hay riesgo de aparición de la enfermedad. Otras prácticas diarias como la exposición solar irresponsable, el consumo alto de sal o de carne procesada, así como una ingesta deficiente de fibra, se relacionan con el cáncer en mayor medida. Al hablar de los riesgos de cáncer deberíamos relativizar y ser más conscientes de que tenemos prácticas diarias mucho más peligrosas y que pasan desapercibidas, como una mala alimentación, el sedentarismo o el tabaquismo.

Seguro no significa necesariamente inocuo

Tan importante es transmitir que un aditivo es seguro como aclarar que un abuso de él no tiene por qué presentar inocuidad (entendida como incapacidad para hacer algo).

Parece una contradicción en sí misma, pero no lo es. ¿Cómo puede algo que es seguro hacerme daño si me paso con él? Muy fácil, haciendo un mal uso, malinterpretando el mensaje o asumiendo que esa seguridad es sinónimo de libre consumo. Aunque por sí mismos muchos aditivos sean seguros, hay algunos que nos crean y fomentan una sensación irreal de lo que es la experiencia de la alimentación.

Que los edulcorante sean seguros puede malinterpretarse y hacer que la gente haga un abuso de bebidas gaseosas sin azúcar o incluso de productos con polioles, que pueden producir trastornos en la microbiota. Es cierto que ocurre a dosis muy altas y que, para que se produzca dicha modificación, debería tratarse de dosis equivalentes para producir el mismo sabor, pero no hay que olvidar que las alteraciones de la microbiota, también las parciales, están cada vez más relacionadas con nuestra salud en general.

Los edulcorantes o los potenciadores del sabor nos acostumbran a umbrales muy altos y luego es complicado volver a tomar los sabores convencionales.

Sustituir el azúcar por edulcorantes puede ser una herramienta puntual en la pérdida de peso, pero no debe transmitirse como una norma a seguir para todo el mundo. Si siempre sustituimos el azúcar por los edulcorantes, el estímulo no cesa, y no dejamos en ningún caso la costumbre del sabor dulce.

Los nitratos y los nitritos son otro ejemplo. Cumplen una función muy útil en la comida: combaten el crecimiento de diferentes agentes patógenos y de manera muy efectiva. No obstante, en concentraciones muy altas y junto con una mala técnica culinaria como son las altas temperaturas con presencia de aminas, puede desencadenar la formación de nitrosaminas, un compuesto tóxico y cancerígeno para nuestro organismo. Aspecto que ya hemos visto en el capítulo 12.

Es decir, la seguridad de un uso lógico de la mayoría de los aditivos no tiene que darse por asumida. No debemos excluir las malas prácticas asociadas. Aquí es donde entra en juego nuestro papel al comunicar. No todos los aditivos son igual de inocuos o seguros.

INTERPRETACIONES ERRÓNEAS AL COMUNICAR SOBRE LOS ADITIVOS

Frases como «Debemos consumir alimentos sin etiquetado» o «Es mejor que no lleve envasado», «Si ves ingredientes que no sabes lo que son no lo compres» o «No consumas nada que no compraría tu abuela» son recomendaciones bienintencionadas, pero que pueden dar lugar a malentendidos.

Hay que dejar muy claro que la alimentación debe estar basada en materias primas y cuantas más de origen vegetal y frescas, mejor. Hasta ahí estamos de acuerdo. Pero eso no convierte a la fuerza a los alimentos que no cumplen esta norma en productos no recomendables.

Es cierto que no abundan las opciones sanas, pero no debemos considerar todos los alimentos envasados o etiquetados como menos saludables.

Comprar legumbres en bote con EDTA (un antioxidante alimentario), yogures naturales sin azucarar, nuevos alimentos como la soja o incluso algunas alternativas de cuarta gama (hortalizas y frutas envasadas, listas para consumir) para un uso esporádico y cómodo en emergencias son buenas opciones.

La bofetada que se pretende dar a los productos ultraprocesados tiene unos motivos sencillos: las materias primas de bajo interés nutricional: féculas, azúcar, jarabe de glucosafructosa, almidones, exceso de sal, grasas hidrogenadas, grasas vegetales poco interesantes... Son estos elementos los culpables de esta recomendación, por lo tanto, lo mejor es identificarlos claramente en lugar de incluir todos los productos envasados en el mismo saco.

Si esto no se matiza correctamente es posible que la gente interprete que no hay alternativas saludables o que «la industria intenta envenenarnos».

EL EXTREMO CONTRARIO: ¿SON LAS COSAS NATURALES POCO CIENTÍFICAS?

En el otro extremo de la quimiofobia encontramos el pensamiento contrario, que es el de subestimar o despreciar aquellos potenciales usos que tienen los alimentos como tales.

Es cierto que un tomate o unos espárragos no suenan tan sofisticados como una bebida láctea con esteroles vegetales, pero su contribución a la salud puede ser mucho mayor.

Siendo comprensivos, hay que reconocer que en nuestro entorno se ha oído tal colección de disparates y atribuciones terapéuticas a alimentos como la piña o la alcachofa, masticar hielo o beber cualquier cosa, que se ha creado un clima de escepticismo, haciendo que la gente crítica haya desarrollado un sesgo costumbrista que acaba concluyendo que las recomendaciones de salud que se centran en alimentos son cosas de naturistas y hippies.

Por probabilidad, puede ser muy común encontrarse atribuciones sin fundamento científico, del estilo de «La piña depura», «El mango purifica» o «La alcachofa detoxifica». Pero al igual que no eran justas las generalizaciones por un lado, tampoco lo son por este otro.

El problema es que este escepticismo llevado al extremo ha llegado incluso a defender técnicas o alimentos cuyo uso está evidenciado. Algunas de las sorprendentes propiedades y efectos fisiológicos que tienen algunos alimentos por sí mismos son buenos ejemplos de su capacidad. El vinagre, por citar alguno, mejora la sintomatología en la resistencia de insulina; enfriar las patatas puede servir para crear almidón resistente; mezclar alimentos es útil para modular la respuesta insulínica, y frutas como la manzana tienen los mismos efectos terapéuticos que una pastilla frente al colesterol.

De manera que mucha gente ha desarrollado un inconsciente rechazo ante lo natural, que hace que se cierre de antemano a este tipo de pautas, sin preocuparse si tienen un respaldo detrás. Eso no es un enfoque científico, es un enfoque de prejuicio.

Hay muchos alimentos o materias primas que tienen una gran capacidad potencial de generar beneficios en la salud de las personas. No hablamos de productos milagro que intentan venderse a precios desorbitados, ni de tratamientos que pretenden suplantar a la farmacología que sea necesaria. Hablamos de alimentos, herramientas o incluso técnicas que son más saludables sin necesidad de inventar nada nuevo.

Cuando nos quieren colocar un producto milagro, es lógico reaccionar con prudencia o reticencia. Pero ¿qué hay de malo en recomendar a una persona que incluya en su dieta elementos, especias o alimentos potencialmente beneficiosos sin ningún efecto secundario conocido?

Quizá nos hemos pasado de tuerca en los dos extremos, y hay que reconocer que vivir rodeado de químicos puede ser saludable, al igual que es bueno dejarnos sorprender por los grandes beneficios a nuestra salud de ciertos alimentos sin etiquetados ni declaraciones nutricionales maravillosas.

Conclusión

El porqué de los mitos

Los mitos que hemos repasado durante este libro son fruto de muchas y diferentes causas. Sería injusto culpar a un único factor como el responsable fundamental de esta colección de imprecisiones.

Cada capítulo tiene sus causas propias: a veces son hipótesis sin confirmar, otras son los intereses comerciales, los malentendidos o las simples tradiciones que se perpetúan en nuestra cultura alimentaria. Pero ¿por qué hay tantos mitos?

Sin lugar a dudas, los mitos perduran si el ambiente ayuda a ello. Será mucho más fácil que esto suceda ante, por ejemplo, una falta de espíritu crítico, una legislación que permita comunicar de manera fraudulenta y un enfoque consumista. Los factores se alimentan entre sí.

Al igual que la obesidad en un ambiente obesogénico, los mitos se contagian y se crean con mayor facilidad en un entorno que lo propicie.

Las siguientes realidades contribuyen parcialmente a que esto siga así.

No existe nadie de referencia en la sanidad

En nuestro contexto sanitario actual, la gente no puede disfrutar de los servicios de un profesional especializado en nutrición humana y dietética. La figura del dietista-nutricionista no está establecida como norma, y aquellos centros sanitarios que la tienen son simples excepciones.

Si la población no tiene a un sanitario en el que confiar ni preguntar sus dudas alimentarias, resultará complicado satisfacer esta necesidad o ni siquiera que se perciba como tal.

Otros profesionales sanitarios tratan de manera anecdótica la nutrición y la dietética durante su formación. Están capacitados para dar un consejo general, pero no para dar una solución dietética personalizada. Esto es lo que propicia que, a día de hoy, si necesitamos una pauta de dietoterapia o de nutrición clínica, lo que muy probablemente obtengamos es una fotocopia sacada de un cajón con unos alimentos prohibidos y otros permitidos.

Si no se ponen los recursos ni la voluntad, resultará muy complicado que nuestra sanidad pueda dar respuesta a los problemas alimentarios.

Llegamos tarde a la enfermedad

Cuando la nutrición empieza a preocupar es demasiado tarde. Suele ser el estadio en el que las personas ya están sufriendo y notando las consecuencias de no haber cuidado su alimentación.

Actuamos con el enfoque de curar o de corregir cuando la enfermedad ya está perpetuada. Una de las pruebas de que esto es así es que la promoción de la salud, la educación alimentaria y la prevención de enfermedades recibe muchos menos recursos y atención que la medicina convencional.

Esta realidad no solo se da en el ámbito de la alimentación; también se da en el de la actividad física, en el de las consultas psicológicas o en el de las drogodependencias, por poner varios ejemplos.

Mientras que nos cuesta horrores invertir para evitar estas situaciones, no nos tiembla el pulso en gastar en fármacos tan cuestionables como los del control de dislipemias, las famosas estatinas para el colesterol.

¿Por qué invertimos dinero en tratar enfermedades evitables pero no en impedir que las personas lleguen a tener factores de riesgo cardiovascular?

Tratamos de manera ineficiente problemas de salud que podríamos haber corregido a tiempo, lo que provoca además un gasto médico innecesario y un malestar en las personas.

CONOCIMIENTOS DESFASADOS O POCO CIENTÍFICOS

El salto entre evidencia y práctica es enorme en salud y en alimentación.

No es sorprendente encontrarse a profesionales que siguen recomendando pautas estancadas en el siglo pasado, a gurús que aparecen en medios de comunicación donde prescriben sus ideas y visiones particulares.

Ni siquiera podemos decir que las hornadas de sanitarios que salen día tras día de nuestras universidades lo hacen con unas pautas actualizadas sobre cómo trabajar correctamente. Mucha culpa de esto la tiene el modelo de educación universitaria, que provoca y predispone a que los recién graduados trabajen conforme a la evidencia y protocolos de años atrás.

El alejamiento de la práctica diaria por parte de muchos

docentes resulta común en los departamentos universitarios. Es un enfoque comprensible: como nadie les exigió en su día que fuesen buenos educadores ni formadores, tampoco tienen una motivación para actualizar sus conocimientos, más allá de las publicaciones de sus artículos. No se estimula la docencia ni el aprendizaje de calidad.

Se puede resumir todo en que la sanidad gira alrededor del paciente, pero nuestra educación no gira alrededor del estudiante.

PUBLICIDAD A SUS ANCHAS

Como hemos podido ver durante el libro, si nos lo proponemos, resulta extremadamente fácil hacer pasar un producto alimenticio mediocre por un alimento funcional o un superalimento.

Las declaraciones nutricionales y de salud son un mero trámite, puesto que, tras cumplir los diferentes requisitos, se puede declarar prácticamente lo que se quiera. Y si no es mediante una mención concreta, las marcas siempre podrán darnos a entender que adquiriendo su producto estaremos más sanos, seremos más guapos o triunfaremos más en la vida.

Desde el momento en que pisamos la calle, estamos expuestos a un constante bombardeo publicitario de comida superflua. La cantidad de impactos de marcas y productos insalubres es casi infinita y no se limita únicamente a la televisión y las revistas, como mucha gente cree.

Las pantallas son unas prescriptoras horribles de hábitos de salud, ya no solo por el sedentarismo que implican, sino por la cantidad de anuncios que nuestros jóvenes engullen a través de ellas. Los más pequeños son además la parte más vulnerable, expuestos no solo a una publicidad engañosa, sino a prácticas tan poco éticas como la vinculación de famosos y dibujos animados con productos alimentarios superfluos o incluso la obtención de juguetes por la compra de menús infantiles o alimentos dirigidos específicamente a ellos.

Es fácil de comprender que esto se permita, puesto que el control publicitario en España lo ejerce la propia industria, lo que se llama un modelo de autocontrol, una filosofía que se ha demostrado que no es efectiva. No suele funcionar poner al lobo a cuidar el rebaño. Las sanciones que se han aplicado han sido anecdóticas, meras cosquillas para cualquier entramado empresarial.

Por si fuera poco, esta publicidad no solo nos vende el humo que compramos, sino que perpetúa un modelo y estereotipos de salud y belleza completamente irresponsables.

Los problemas de autoestima y autoconcepto que producen son consecuencias de no tener ética ninguna. Como resultado, se ha generado una alarmante situación de trastornos de la conducta alimentaria.

Compramos alimentos que no necesitamos porque nos prometen que tomándolos tendremos un cuerpo irreal, al que nos fuerzan a llegar cada día. Crean consumismo a partir de la frustración de nuestra imagen y concepto propios.

UN ETIQUETADO QUE ES UN OBSTÁCULO

Este supuesto aliado se convierte muchas veces en un arma de doble filo. En nuestro intento de lograr información nos encontramos con que esta no es accesible ni fácilmente entendible para el consumidor.

¿La información está ahí? Sí, pero parcialmente. No es justificable que para entender los datos dirigidos al consumidor tengamos que adiestrarnos y formarnos de manera específica.

Actualmente, el etiquetado resalta y llama la atención sobre lo que el productor quiere. La información nutricional o los ingredientes que aparecen son anecdóticos, un mero requisito que, por norma general, se ignora, como el libro de instrucciones de muchos aparatos que adquirimos día a día.

La etiqueta, el último punto de defensa ante la compra del producto, no nos informa lo suficiente sobre las consecuencias para la salud de esa lata, paquete o frasco. Es, simplemente, el último eslabón de la cadena publicitaria.

LOS MEDIOS DESINFORMAN EN MAYOR MEDIDA QUE INFORMAN

La cantidad de información que existe sobre alimentación y que es accesible para la ciudadanía contrasta drásticamente con su calidad. Hay demasiado ruido.

Se pueden encontrar mensajes contradictorios de prácticamente todo, lo que provoca que la gente no sepa en qué ni en quién confiar.

Los medios de comunicación también están profundamente influidos por las empresas, que intentan anunciarse en los mismos o que son patrocinadoras de los programas o las cadenas que los emiten.

Los ejemplos de publicidad, tanto en televisiones como en radios públicas, son simplemente infinitos. Se asume que incluso las series y películas nos cuenten de manera subliminal en su guión qué comen y qué beben los protagonistas de nuestras historias.

Claro que hay geniales espacios de crítica, denuncia y reflexión científica y sobre salud, pero, desgraciadamente, son excepciones en un mar contaminado de desinformación.

La industria alimentaria se excede en sus funciones

La industria, lejos de poner cualquier freno sensato a una situación de descontrol, convive con estos mitos. Solo tiene que preocuparse de actualizar y cambiar las líneas de producto o las tendencias para estar al día en las demandas y las «necesidades» del consumidor.

La respuesta que obtenemos en nuestros supermercados o entre los distintos productos alimentarios de una empresa responde principalmente a una motivación económica.

El reciente rechazo de los perfiles nutricionales por parte de la Unión Europea, las presiones para evitar regulaciones y tasas a alimentos insalubres o la excesiva fuerza que ejercen los *lobbies* sobre las políticas y normas del juego son ejemplos de un exceso de influencia, más allá de lo responsable y conveniente para la salud pública.

La industria alimentaria es necesaria desde diferentes puntos de vista, especialmente para garantizar la distribución, la salubridad, la calidad y la trazabilidad de los alimentos. Pero hay veces en las que sobrepasa este papel para convertirse en un elemento de influencia política abusivo.

Son muy llamativos los conflictos de interés que tienen a día de hoy numerosas sociedades médicas, científicas y de nutrición. Resulta muy complicado garantizar la independencia de las recomendaciones de salud y de nuestra normativa cuando se están recibiendo numerosos fondos de esta industria.

Ejemplos muy claros de estas prácticas son las presiones ejercidas para tumbar propuestas de impuestos, los habituales patrocinios de congresos por parte de entidades que elaboran guías de alimentación e incluso los nombramientos de exdirigentes de la industria alimentaria como cabezas de organismos públicos.

UNA POLÍTICA ALIMENTARIA QUE MIRA HACIA OTRO LADO

No podemos tener un entorno saludable si no hay políticas que promuevan un entorno saludable.

Todos estos mitos malnutren a la población y es comprensible que perduren si no se hace nada para cambiarlo:

- Si no hay presencia de profesionales formados específicamente.
- Si no se toman medidas suficientes de promoción de la salud ni de prevención.
- Si se actúa conforme a los conocimientos e ideas de hace décadas.
- Si nadie le pone cerco ni límites a la publicidad.
- Si el etiquetado es un falso aliado que nos confunde.
- Si los medios de comunicación no están a nuestro servicio.
- Si la industria alimentaria es la que marca las normas legales del juego.

¿A quién le sorprende que la gente esté desinformada con estas condiciones? ¿A quién le sorprende que tengamos una conducta alimentaria irresponsable?

No se puede modificar nuestro mundo si no hay voluntad de cambio. Y este cambio tiene que venir de todos estos sectores, de manera planificada y coordinada. Consiste simplemente en invertir la situación actual de la misma manera que la industria de los alimentos superfluos se ha posicionado en el mercado.

Las acciones aisladas tienden a diluirse si no están acompañadas por otras que las refuercen, por lo que es necesario actuar desde todos los frentes.

La situación que estamos viviendo se puede considerar y catalogar como excepcional, y ante problemas extraordinarios hay que tomar medidas extraordinarias.

Necesitamos una verdadera revolución alimentaria.

Anexo

Guía práctica sobre el etiquetado alimentario

En esta propuesta final vamos a repasar cómo convertir las cuestiones planteadas durante todo el libro en una aplicación práctica. En definitiva, cómo defendernos y cómo identificar un buen producto cuando estamos haciendo nuestra compra.

Antes de conocer la mejor forma de enfrentarnos a las etiquetas, es indispensable hacer una reflexión sobre cuál es el punto de partida que nos ofrece el etiquetado actual, sobre todo para saber qué aspectos requerirán más nuestra atención. En este sentido, resulta indispensable saber qué lagunas y salvedades tienen las etiquetas de nuestros productos.

ERRORES Y SALVEDADES DE NUESTRA NORMATIVA DE ETIQUETADO

Desde el 13 de diciembre del año 2014 tenemos una nueva normativa que regula el etiquetado en la Unión Europea. Se trata de la entrada en vigor del Reglamento (UE) 1169/2011. En líneas generales, esta nueva normativa trajo ciertas mejoras respecto al etiquetado anterior: mayor tamaño de letra, mejor identificación de los alérgenos, especificación del tipo de aceite usado; además, toda la información nutricional debe aparecer en el mismo lugar, más datos sobre el origen del producto, indicación más clara sobre la cantidad de sal..., en definitiva, una colección de cambios valorables como positivos, pero que se quedan a medio camino para tener una respuesta óptima.

Para comprender que el etiquetado tiene todavía muchas lagunas y cosas que corregir, debemos repasar las siguientes cuestiones:

ERROR 1. PARTE DE UNAS IDEAS NUTRICIONALES INCORRECTAS

Los porcentajes de cada nutriente se basan en una idea bastante anticuada de la dietética. Existe una cantidad «recomendada» de cada nutriente conforme a la siguiente tabla:

Valor energético o nutriente	Ingesta de referencia
Valor energético	8.400kj / 2.000 kcal
Grasas totales	70g
Ácidos grasos saturados	20g
Hidratos de carbono	260g
Azúcares	90g
Proteínas	50g
Sal	6g

Estos valores hacen referencia únicamente a cantidades, pero no a calidad, por lo que la gente puede tomar decisiones basándose solo en completar esas ingestas de referencia, sin que sean necesariamente saludables ni convenientes. Tampoco hay nada que nos empuje a establecer que sean unas cantidades óptimas, hecho que, como ya vimos en el capítulo 3, no tenía sentido.

ERROR 2. EL AZÚCAR Y EL ALMIDÓN NO ESTÁN SEÑALADOS NECESARIAMENTE

Es cierto que hay que desglosar los hidratos de carbono y decir exactamente qué cantidad corresponde a azúcar, pero el hecho de que esta sustancia aparezca con una ingesta de referencia de 90 g puede dar lugar a la interpretación de que el azúcar es necesario.

El azúcar no es un nutriente necesario en esa forma concreta y no es para nada recomendable, como vimos en el capítulo 15. Además, en el listado de ingredientes se puede ocultar y maquillar bajo otras denominaciones, como «jarabe de glucosa-fructosa».

Por otro lado, la parte correspondiente al almidón de los hidratos de carbono no es de obligada declaración. De esta manera, una persona puede comprar unas patatas fritas o un cereal de desayuno refinado pensando que sus hidratos de carbono son tan saludables como los de una alubia o un garbanzo.

ERROR 3. CONFUSIÓN CON LA CALIDAD DE LAS GRASAS

A pesar del gran avance que se dio al eliminar la mención «aceite vegetal», la normativa sigue siendo muy imprecisa. Esta denominación era un cajón de sastre donde se ocultaban aceites de poca calidad. Se aprovechaban de la tendencia de la última década de decir que todo lo vegetal era sano, y nos colaban por ahí el aceite de palma o el de semillas, que no son tan saludables. Ahora no se puede esconder de esta manera.

Aun así, el aspecto cualitativo de las grasas sigue sin desglosarse lo suficiente. Solo hay que diferenciar dentro de ellas las grasas saturadas, mientras que las grasas hidrogenadas o trans, que a día de hoy son las más relacionadas con el riesgo cardiovascular, como pudimos ver en el capítulo 9, no hay que indicarlas.

Dentro de esta práctica de meter todas las grasas en un mismo saco, encontramos que la normativa no obliga a desglosar los diferentes tipos de poliinsaturadas (entendidas por la población como saludables), por ejemplo, en omega-6 u omega-3. En este sentido, se pueden beneficiar injustamente los productos con aceite de girasol o de semillas, que son ricos en omega-6. La gente puede interpretar que todos los poliinsaturados son omega-3 o entender que son cardiosaludables, cuando en realidad no es así.

La proporción de omega-6 y omega-3 es importante en nuestra salud cardiovascular, y no todos los ácidos grasos poliinsaturados son necesariamente saludables.

ERROR 4. LAS BEBIDAS ALCOHÓLICAS Y LOS ENVASES PEQUEÑOS ESQUIVAN LA NORMATIVA

Las bebidas alcohólicas están exentas de poner la gran mayoría de información que sería relevante para la salud. Por otro lado, los envases pequeños no están obligados a presentar todos los campos que se le exige al resto, debido a la poca superficie de envasado.

En este último caso, puede omitirse la lista de ingredientes, ya que solo es obligatorio indicar la presencia de sustancias o productos que causan alergias o intolerancias.

ERROR 5. INSUFICIENTE INFORMACIÓN DE LOS PRODUCTOS
A GRANEL

Prácticamente se queda limitada a la nomenclatura y a los alérgenos. Gran parte de la información es voluntaria. Esto hace que muchas veces no conozcamos la procedencia de la fruta, de las verduras o del pescado, o que incluso puedan producirse fraudes con alimentos, como el calamar o el lenguado.

Estas decisiones dependen de cada país, puesto que cada Estado miembro sigue teniendo derecho a establecer sus propias normas respecto a la información sobre alimentos no envasados.

ERROR 6. TODO ESTÁ ORIENTADO A ADULTOS MEDIOS

Las ingestas de referencia de los nutrientes y el valor energéticos de los alimentos se basan en las necesidades de los adultos medios. Los niños y adolescentes son, por tanto, los grandes olvidados de esta normativa. Ni siquiera se permite la indicación voluntaria para grupos de población específicos en todos los casos.

Es curioso que habiendo tantos productos destinados para niños, en los que la publicidad se personaliza tanto que no hay ninguna duda, no seamos capaces de indicar el exceso que se está cometiendo. Este abuso es mucho más notorio para las necesidades de un niño que para las de un adulto. Por tanto, puede servir para maquillar cantidades y que creamos que un alimento no contiene tanto azúcar o tantas kilocalorías como pensamos.

RECOMENDACIONES A SEGUIR FRENTE AL ETIQUETADO

CONSEJO 1. SI NO TIENE ETIQUETA, MEJOR

Una pauta muy generalista, pero que, por probabilidad, nos permite evitar las decisiones más superfluas.

Los alimentos no envasados tienden a ser más saludables, debido a toda la gama que hay. Es complicado encontrar frutas, pescados, frutos secos, legumbres, verduras o carnes a granel que sean poco recomendables. Probablemente, solo tendríamos que matizar en los derivados y en algunas salvedades, como la carne roja.

Comprando materias primas evitamos los ultraprocesados, que contribuyen en gran medida a que nuestra dieta sea menos saludable. Como vimos en el capítulo 19, esto no quiere decir que no haya opciones saludables, como ciertas latas, conservas o congelados. Pero puestos a elegir, comprar productos sin etiquetar y en el mercado es un gran avance y evita muchas malas elecciones.

CONSEJO 2. IGNORA LOS NOMBRES, ANUNCIOS Y *SPOTS*

Tratemos de olvidar el nombre del producto y sus eslóganes, pues son estrategias publicitarias que van a maquillarlo para presentarlo mejor de lo que es en realidad.

Da igual que el nombre comercial incluya términos parecidos a «digestivo», «bueno» o «funciona»; eso no lo convierte en más saludable. Sus eslóganes tampoco se someten a ninguna clase de control, por lo que deberíamos centrarnos en los ingredientes y en el producto en sí mismo.

Pensemos que es simplemente un yogur azucarado caro, no un Actimel.

CONSEJO 3. CUIDADO CON LAS DECLARACIONES NUTRICIONALES Y DE SALUD

Ya hemos visto en el capítulo 18 que hay formas poco éticas de conseguir que estas declaraciones aparezcan en el etiquetado. Debemos considerarlas como una información extra, pero no como el motivo que nos haga decantarnos por una compra.

Está bien recordar que una mezcla de frutos secos puede tener un contenido alto en magnesio o que un cereal puede ser rico en fibra, pero no son garantías suficientes de que el alimento sea saludable.

Profundicemos en la información nutricional y en el listado de ingredientes; es una información que aunque imperfecta es más limpia y objetiva.

CONSEJO 4. APRENDER A MIRAR EL VALOR NUTRICIONAL

La etiqueta de valor nutricional nos habla de las cantidades, pero no de la calidad.

Puede ser útil si seguimos un plan de alimentación que necesita tener ciertos objetivos concretos, como saber qué cantidad estamos ingiriendo de proteína, los hidratos de carbono a reponer o el aporte calórico de algo. Pero no debemos dejarnos llevar únicamente por estos valores; confunden a la población general porque nos hablan de cantidades, no de calidades.

¿Si vemos que tiene muchas grasas es malo? Ya hemos visto que no. Podríamos estar comprando unos frutos secos o un aceite de oliva. ¿Si vemos que tiene pocas kilocalorías es bueno? También hemos repasado que no tiene por qué ser así: hay *snacks* ligeros muy superfluos y poco nutritivos.

Probablemente, lo más interesante que nos aporta este apartado es poder consultar la cantidad concreta de azúcar y sal que tiene el alimento. No es recomendable consumir productos con un alto contenido de estas sustancias. Pero no debemos caer en la idea de que los alimentos sin azúcar son saludables, pues hay muchos ejemplos de galletas o bollería sin azúcar que no lo son. ¿Dónde podemos consultar eso? En los ingredientes.

CONSEJO 5. LOS INGREDIENTES, LA PARTE MÁS INTERESANTE DEL ETIQUETADO

Una cosa crucial que nos muestra el listado de ingredientes, y que mucha gente desconoce, es que nos los presenta en orden, según la cantidad que representan en el alimento.

Es decir, el primer ingrediente es el que aparece en mayor medida y así consecutivamente hasta el último, que es el que representa un menor porcentaje en el producto (y suele ser normalmente algún aditivo, en el caso de que lo contenga).

Observar los ingredientes nos permite identificar cuestiones tan importantes como:

—*Saber si se está sustituyendo un ingrediente importante por otro superfluo*

Es muy útil observar la presencia de féculas, agua o proteínas de menor calidad. Muchos alimentos procesados derivados del pescado o de la carne suelen sustituir la proteína animal por otras más baratas (legumbre o almidón de patata) para ahorrar costes. Esto no es necesariamente perjudicial, pero se está adquiriendo un producto de menor calidad y pureza al esperado. Una salchicha no es carne, al igual que el surimi no es pescado.

—*Qué porcentaje y orígenes se están usando*

Muchos alimentos fritos o cocinados utilizan mezclas de aceites diferentes para su elaboración. Es muy frecuente que se anuncien como que están cocinados con aceite de oliva virgen extra, cuando realmente solo un pequeño porcentaje está presente. Comprobarlo en el etiquetado es la única garantía para saber si dicen la verdad.

También en relación a las mezclas de varios cereales o harinas este dato nos garantiza saber qué cantidad contiene de distintos alimentos. No es nada extraño encontrar panes de centeno con un 8 % de este cereal o incluso, ahora más recientes, panes de quinoa con un 1,5 % de la misma.

—*Reconocer si nos están ocultando azúcar*

A sabiendas de que la gente muchas veces intenta evitar el azúcar en el etiquetado, se añaden otros derivados o compuestos parecidos como almidones modificados, jarabe de glucosa-fructosa... En definitiva, hidratos de carbono refinados cuya acción en nuestro cuerpo es muy parecida al del azúcar convencional (sacarosa).

—*Saber si un alimento es integral de verdad*

Simplemente hay que seguir las indicaciones del capítulo 10.

—*Acceder al listado de aditivos*

Es la única manera de reconocer algún aditivo que queramos evitar o minimizar por algún motivo. Como hemos visto en el capítulo 19, todos ellos son seguros bajo un uso responsable, pero no necesariamente son inocuos.

—*Considerar la cantidad de diferentes ingredientes que se están usando*

Se suele decir que «cuantos menos ingredientes, mejor», o incluso «cuantos menos aditivos, mejor». Estas ideas son parcialmente ciertas.

No es que un alimento sea insalubre por contener aditivos o porque contenga muchos ingredientes diferentes. Lo que sucede es que es muy común que aquellos productos alimenticios que tienen una gran cantidad de ingredientes sean a su vez ultraprocesados y, por tanto, estén fabricados con ingredientes superfluos y de baja calidad.

No se trata por tanto de la causa, sino de una asociación que muchas veces se corresponde con la realidad.

—*Conocer, en definitiva, si los ingredientes son saludables para saber la calidad final del alimento*

Un alimento depende de sí mismo para saber si es saludable o no; es sencillo. Pero con los alimentos procesados y etiquetados esta consecuencia dependerá de los propios ingredientes. Los ejemplos anteriores son solo varias aplicaciones prácticas de por qué es importante conocer de manera precisa el etiquetado del alimento, pues, dependiendo de cada caso, el uso puede ser diferente. De lo que no cabe duda es de que el listado de ingredientes corresponde a la parte más objetiva del etiquetado, y por tanto, la que más información nos puede aportar.

UNA GUÍA RÁPIDA SOBRE QUÉ COMPRAR

- Si no tiene etiqueta, mejor. Compre materias primas en un mercado.
- En caso de ser envasado, cuantos menos ingredientes, mejor. Suelen estar menos procesados algunos congelados, botes, latas o conservas.
- Ignore el nombre comercial y los anuncios. Enfréntese al producto sin condicionarse.
- Ignore las declaraciones de salud.
- Entienda que las declaraciones nutricionales son útiles, pero no una garantía.
- No compre alimentos con un exceso de azúcar o de sal.

- Preste atención a los ingredientes más representativos del listado.
- Compre local y de temporada (consulte el origen).
- Por supuesto, considere otra información práctica no relativa a nutrición: alérgenos, fecha de consumo preferente/caducidad, peso escurrido, raciones...

Y en resumen, busque que su dieta sea abundante en alimentos de origen vegetal y acompáñelos de proteína y grasas de calidad. En definitiva, materias primas saludables y sin procesar en exceso. Esto se traduce en una pauta tan sencilla como:

¿QUÉ DEBO COMER EN ABUNDANCIA?

- Verduras y hortalizas.
- Frutas.

¿QUÉ ES GRASA DE CALIDAD?

- Frutos secos.
- Aceites saludables.

¿QUÉ ES PROTEÍNA DE CALIDAD?

- Legumbres.
- Huevos.
- Carne sin procesar (limitar).
- Pescado sin procesar.
- Lácteos (limitar).

¿CON QUÉ PUEDO COMPLEMENTAR Y ALTERNAR?

- Cereales integrales.
- Tubérculos.

¿QUÉ BEBO?

- Agua en abundancia.
- Acompañe con infusiones si lo desea.

¿QUÉ DEBO EVITAR?

- Productos alimentarios que aunque sean comestibles no sean materias primas.

No era tan difícil, ¿no?

Bibliografía

Mɪᴛᴏ 1: «Hᴀʏ ǫᴜᴇ ᴛᴏᴍᴀʀ ᴍᴇɴᴏs ɢʀᴀsᴀ»

Benatar, J. R., Sidhu, K., & Stewart, R. A. H. (2013). «Effects of High and Low Fat Dairy Food on Cardio-Metabolic Risk Factors: A Meta-Analysis of Randomized Studies.» *PLoS ONE*, *8*(10).

Bes-Rastrollo, M., Sabaté, J., Gómez-Gracia, E., Alonso, A., Martínez, J. A., & Martínez-González, M. A. (2007). «Nut consumption and weight gain in a Mediterranean cohort: The SUN study.» *Obesity (Silver Spring, Md.)*, *15*(1), 107-116.

Bes-Rastrollo, M., Wedick, N. M., Martinez-Gonzalez, M. A., Li, T. Y., Sampson, L., & Hu, F. B. (2009). «Prospective study of nut consumption, long-term weight change, and obesity risk in women1234.» *The American Journal of Clinical Nutrition*, *89*(6), 1913-1919.

Fulgoni, V. L., Dreher, M., & Davenport, A. J. (2013). «Avocado consumption is associated with better diet quality and nutrient intake, and lower metabolic syndrome risk in US adults: results from the National Health and Nutrition Examination Survey (NHANES) 2001-2008.» *Nutrition Journal*, *12*, 1.

Hession, M., Rolland, C., Kulkarni, U., Wise, A., & Broom, J. (2009). «Systematic review of randomized controlled trials of low-carbohydrate vs. low-fat/low-calorie diets in the management of obesity and its comorbidities.» *Obesity Reviews: An*

Official Journal of the International Association for the Study of Obesity, *10*(1), 36-50.

Howard, B. V., Van Horn, L., Hsia J. *et al.* (2006). «Low-fat dietary pattern and risk of cardiovascular disease: The women's health initiative randomized controlled dietary modification trial.» *JAMA*, *295*(6), 655-666.

Hur, Y.-I., Park, H., Kang, J.-H., Lee, H.-A., Song, H. J., Lee, H.-J., & Kim, O.-H. (2016). «Associations between Sugar Intake from Different Food Sources and Adiposity or Cardio-Metabolic Risk in Childhood and Adolescence: The Korean Child-Adolescent Cohort Study.» *Nutrients*, *8*(1).

Jiménez, L. (2014). «¿Es mejor tomar los lácteos desnatados?» Lo que dice la ciencia para adelgazar. <http://loquedicelaciencia paradelgazar.blogspot.com.es/2014/12/es-mejor-tomar-los-lacteos-desnatados.html>.

Lemon, S. C., Wang, M. L., Haughton, C. F., Estabrook, D. P., Frisard, C. F., & Pagoto, S. L. (2016). «Methodological quality of behavioural weight loss studies: a systematic review.» *Obesity Reviews: An Official Journal of the International Association for the Study of Obesity*, *17*(7), 636-644.

Mancini, J. G., Filion, K. B., Atallah, R., & Eisenberg, M. J. (2016). «Systematic Review of the Mediterranean Diet for Long-Term Weight Loss.» *The American Journal of Medicine*, *129*(4), 407-415.e4.

National Obesity Forum of United Kingdom. (2016). Report «Eat fat, cut the carbs and avoid snacking to reverse obesity and type 2 diabetes.»

Sánchez García, A. (2016). «¿Por qué las dietas bajas en grasa son las peores para adelgazar?» Eroski consumer. <http://www.consumer.es/web/es/alimentacion/aprender_a_comer_bien/2016/02/04/223290.php>.

Schwarzfuchs, D., Golan, R., & Shai, I. (2012). «Four-Year Follow-up after Two-Year Dietary Interventions.» *New England Journal of Medicine*, *367*(14), 1373-1374.

Shide, D. J., & Rolls, B. J. (1995). «Information about the fat content of preloads influences energy intake in healthy women.» *Journal of the American Dietetic Association, 95*(9), 993-998.

MITO 2: «PARA ADELGAZAR BASTA
CON TOMAR MENOS KILOCALORÍAS»

Davis, S. F., Ellsworth, M. A., Payne, H. E., Hall, S. M., West, J. H., & Nordhagen, A. L. (2016). «Health Behavior Theory in Popular Calorie Counting Apps: A Content Analysis.» *JMIR mHealth and uHealth, 4*(1), e19.

Gordon, C., & Hayes, R. (2012). «Counting calories: resident perspectives on calorie labeling in New York City.» *Journal of Nutrition Education and Behavior, 44*(5), 454-458.

Hartmann-Boyce, J., Johns, D. J., Jebb, S. A., Aveyard, P., & Behavioural Weight Management Review Group. (2014). «Effect of behavioural techniques and delivery mode on effectiveness of weight management: systematic review, meta-analysis and meta-regression.» *Obesity Reviews: An Official Journal of the International Association for the Study of Obesity, 15*(7), 598-609.

Johnstone, A. (2015). «Fasting for weight loss: an effective strategy or latest dieting trend?» *International Journal of Obesity (2005), 39*(5), 727-733.

Keys, A., Brožek, J., Henschel, A., Mickelsen, O., & L, H. (1950). *The biology of human starvation.* (2 vols) (Vol. xxxii). Oxford, England: Univ. of Minnesota Press.

Lucan, S. C., & DiNicolantonio, J. J. (2015). «How calorie-focused thinking about obesity and related diseases may mislead and harm public health. An alternative.» *Public Health Nutrition, 18*(4), 571-581.

Malhotra, A., DiNicolantonio, J. J., & Capewell, S. (2015). «It is time to stop counting calories, and time instead to promote dietary changes that substantially and rapidly reduce cardiovascular morbidity and mortality.» *Open Heart, 2*(1), e000273.

Martínez Steele, E., Baraldi, L. G., Louzada, M. L. da C., Moubarac, J.-C., Mozaffarian, D., & Monteiro, C. A. (2016). «Ultra-processed foods and added sugars in the US diet: evidence from a nationally representative cross-sectional study.» *BMJ Open*, *6*(3), e009892.

Monteiro, C. A., Levy, R. B., Claro, R. M., Castro, I. R. R. de, & Cannon, G. (2010). «A new classification of foods based on the extent and purpose of their processing.» *Cadernos De Saúde Pública*, *26*(11), 2039-2049.

Monteiro, C. A., Levy, R. B., Claro, R. M., de Castro, I. R. R., & Cannon, G. (2011). «Increasing consumption of ultra-processed foods and likely impact on human health: evidence from Brazil.» *Public Health Nutrition*, *14*(1), 5-13.

Monteiro, C. A., Moubarac, J.-C., Cannon, G., Ng, S. W., & Popkin, B. (2013). «Ultra-processed products are becoming dominant in the global food system.» *Obesity Reviews: An Official Journal of the International Association for the Study of Obesity*, *14 Suppl 2*, 21-28.

Ríos, C. (2015). «El balance patético». Dietética sin patrocinadores. <http://www.dieteticasinpatrocinadores.org/2015/03/el-balance-patetico-parte-i/>.

Taubes, G. (2015). «Diet advice that ignores hunger». *The New York Times*. <http://www.nytimes.com/2015/08/30/opinion/diet-advice-that-ignores-hunger.html>.

Weitlaner, W. (2010). *Kinderkrankenschwester: Organ Der Sektion Kinderkrankenpflege / Deutsche Gesellschaft Für Sozialpädiatrie Und Deutsche Gesellschaft Für Kinderheilkunde*, *29*(1), 35.

Wells, J. C. K. (2013). «Obesity as malnutrition: the dimensions beyond energy balance.» *European Journal of Clinical Nutrition*, *67*(5), 507-512.

Westerterp, K. R. (2010). «Physical activity, food intake, and body weight regulation: insights from doubly labeled water studies.» *Nutrition Reviews*, *68*(3), 148-154.

Wing, R. R., & Phelan, S. (2005). «Long-term weight loss mainte-nance.» *The American Journal of Clinical Nutrition*, *82*(1 Suppl), 222S-225S.

CAPÍTULO 3: «HAY QUE SEGUIR UNA DIETA EQUILIBRADA»

Andersson, A., & Bryngelsson, S. (2007). «Towards a healthy diet: from nutrition recommendations to dietary advice.» *Scandinavian Journal of Food & Nutrition*, *51*(1), 31-40.

«Healthy Eating Plate dishes out sound diet advice. More specific than MyPlate, it pinpoints the healthiest food choices.» (2011). *Harvard Heart Letter: From Harvard Medical School*, *22*(4), 6.

Hite, A. H., Feinman, R. D., Guzman, G. E., Satin, M., Schoenfeld, P. A., & Wood, R. J. (2010). «In the face of contradictory evidence: Report of the Dietary Guidelines for Americans Committee.» *Nutrition*, *26*(10), 915-924.

Millward, D. J., & Jackson, A. A. (2004). «Protein/energy ratios of current diets in developed and developing countries compared with a safe protein/energy ratio: implications for recommended protein and amino acid intakes.» *Public Health Nutrition*, *7*(3), 387-405.

Raben, A., Agerholm-Larsen, L., Flint, A., Holst, J. J., & Astrup, A. (2003). «Meals with similar energy densities but rich in protein, fat, carbohydrate, or alcohol have different effects on energy expenditure and substrate metabolism but not on appetite and energy intake.» *The American Journal of Clinical Nutrition*, *77*(1), 91-100.

Reedy, J., Krebs-Smith, S. M., Miller, P. E., Liese, A. D., Kahle, L. L., Park, Y., & Subar, A. F. (2014). «Higher diet quality is associated with decreased risk of all-cause, cardiovascular disease, and cancer mortality among older adults.» *The Journal of Nutrition*, *144*(6), 881-889.

Sánchez García, A. (2015). «Ni dieta equilibrada ni nutrientes. Es cosa de adherencia.» *Cuaderno de Cultura Científica.* <http://

culturacientifica.com/2015/11/06/ni-dieta-equilibrada-ni-nu-
trientes-es-cosa-de-adherencia/>.

Sánchez García, A., Soriano, J. (2014) «Deconstruyendo la dieta equilibrada». <https://www.youtube.com/watch?v= Cust mTTCfNE>.

Wing, R. R., & Phelan, S. (2005). «Long-term weight loss mainte-nance.» *The American Journal of Clinical Nutrition*, *82*(1 Suppl), 222S-225S.

MITO 4: «NO HAY ALIMENTOS BUENOS NI MALOS»

Barr, S. B., & Wright, J. C. (2010). «Postprandial energy expendi-ture in whole-food and processed-food meals: implications for daily energy expenditure.» *Food & Nutrition Research*, *54*.

Fardet, A. (2016). «Minimally processed foods are more satiating and less hyperglycemic than ultra-processed foods: a prelimi-nary study with 98 ready-to-eat foods.» *Food & Function*, *7*(5), 2338-2346.

Kim, S. J., Souza, R. J. de, Choo, V. L., Ha, V., Cozma, A. I., Chiavaroli, L., Sievenpiper, J. L. (2016). «Effects of dietary pul-se consumption on body weight: a systematic review and meta-analysis of randomized controlled trials.» *The American Jour-nal of Clinical Nutrition*, *103*(5), 1213-1223.

Luiten, C. M., Steenhuis, I. H., Eyles, H., Ni Mhurchu, C., & Waterlander, W. E. (2016). «Ultra-processed foods have the worst nutrient profile, yet they are the most available packaged products in a sample of New Zealand supermarkets.» *Public Health Nutrition*, *19*(3), 530-538.

Martínez Steele, E., Baraldi, L. G., Louzada, M. L. da C., Moubarac, J.-C., Mozaffarian, D., & Monteiro, C. A. (2016). «Ultra-processed foods and added sugars in the US diet: evidence from a nationally representative cross-sectional study.» *BMJ Open*, *6*(3), e009892.

Monteiro, C. A., Levy, R. B., Claro, R. M., de Castro, I. R. R., & Cannon, G. (2011). «Increasing consumption of ultra-processed foods and likely impact on human health: evidence from Brazil.» *Public Health Nutrition, 14*(1), 5-13.

Monteiro, C. A., Moubarac, J.-C., Cannon, G., Ng, S. W., & Popkin, B. (2013). «Ultra-processed products are becoming dominant in the global food system.» *Obesity Reviews: An Official Journal of the International Association for the Study of Obesity, 14 Suppl 2*, 21-28.

Moubarac, J.-C., Martins, A. P. B., Claro, R. M., Levy, R. B., Cannon, G., & Monteiro, C. A. (2013). «Consumption of ultra-processed foods and likely impact on human health. Evidence from Canada.» *Public Health Nutrition, 16*(12), 2240-2248.

Sánchez García, A. (2016) «Las consecuencias de decir que no hay alimentos buenos ni malos.» Eroski Consumer. <http://www.consumer.es/web/es/alimentacion/aprender_a_comer_bien/2016/03/03/223443.php>.

Mito 5: «Hay que comer como dice la pirámide alimentaria»

Harvard Medical School (2011). Healthy Eating plate.

Harvard School of Public Health (2011) «Healthy Eating Plate vs. USDA's MyPlate». <https://www.hsph.harvard.edu/nutritionsource/healthy-eating-plate-vs-usda-myplate/>.

Jiménez, L. (2012) «Comparando y comentando pirámides». Lo que dice la ciencia para adelgazar. <http://loquedicelacienciaparadelgazar.blogspot.com.es/2012/11/comparando-y-comentando-piramides.html>.

Nestle, M. (1993). «Food lobbies, the food pyramid, and U.S. nutrition policy.» *International Journal of Health Services: Planning, Administration, Evaluation, 23*(3), 483-496.

Sociedad Española de Nutrición Comunitaria (2004). Pirámide de la Alimentación saludable.

Sociedad Española de Nutrición Comunitaria (2008). Pirámide de la Hidratación saludable.

Sociedad Española de Nutrición Comunitaria (2015). Pirámide de la Alimentación saludable.

Revenga, J. (2015). «Si yo hiciera unas guías de alimentación saludable.» El nutricionista de la general. <http://juanrevenga.com/2015/02/si-yo-hiciera-unas-guias-de-alimentacion-saludable-5-cosas-que-se-beben/>.

U.S Department of Agriculture (2011). MyPlate.

MITO 6: «EL DESAYUNO ES LA COMIDA MÁS IMPORTANTE DEL DÍA»

Adolphus, K., Lawton, C. L., & Dye, L. (2013). «The effects of breakfast on behavior and academic performance in children and adolescents.» *Frontiers in Human Neuroscience, 7.*

Basulto, J. (2015) «Formulo una petición a la Asociación Española de Pediatría, en relación a las galletas Dinosaurus (o similares).» <http://juliobasulto.com/formulo-una-peticion-a-la-asociacion-espanola-de-pediatria-en-relacion-a-las-galletas-dinosaurus-o-similares/>.

Betts, J. A., Chowdhury, E. A., Gonzalez, J. T., Richardson, J. D., Tsintzas, K., & Thompson, D. (2016). «Is breakfast the most important meal of the day?» *The Proceedings of the Nutrition Society,* 1-11.

Carrol, A. E. (2016) «Sorry, There's Nothing Magical About Breakfast.» *The New York Times.* <http://www.nytimes.com/2016/05/24/upshot/sorry-theres-nothing-magical-about-breakfast.html>.

Dhurandhar, E. J., Dawson, J., Alcorn, A., Larsen, L. H., Thomas, E. A., Cardel, M., Allison, D. B. (2014). «The effectiveness of breakfast recommendations on weight loss: a randomized controlled trial123.» *The American Journal of Clinical Nutrition, 100*(2), 507-513.

Harris, J. L., Schwartz, M. B., Ustjanauskas, A., Ohri-Vachaspati, P., & Brownell, K. D. (2011). «Effects of serving high-sugar cereals on children's breakfast-eating behavior.» *Pediatrics, 127*(1), 71-76.

Kamada, I., Truman, L., Bold, J., & Mortimore, D. (2011). «The impact of breakfast in metabolic and digestive health.» *Gastroenterology and Hepatology From Bed to Bench*, 4(2), 76-85.

Pereira, M. A., Erickson, E., McKee, P., Schrankler, K., Raatz, S. K., Lytle, L. A., & Pellegrini, A. D. (2011). «Breakfast frequency and quality may affect glycemia and appetite in adults and children.» *The Journal of Nutrition*, 141(1), 163-168.

Sánchez García, A. (2015) «Está de moda meterse con el desayuno: ¿Qué desayuna el mundo?» Mi dieta cojea. <https://midie tacojea.com/2015/01/12/esta-de-moda-meterse-con-el-desa yuno-que-desayuna-el-mundo/>.

Zilberter, T., & Zilberter, E. Y. (2014). «Breakfast: To Skip or Not to Skip?» *Frontiers in Public Health*, 2.

MITO 7: «LOS HIDRATOS DE CARBONO ENGORDAN POR LA NOCHE»

Espinar, S. (2013) «Se debe evitar comer carbohidratos en la noche». HSNblog <http://www.hsnstore.com/blog/se-deben-evitar-comer-carbohidratos-en-la-noche/>.

Langendonk, J. G., Pijl, H., Toornvliet, A. C., Burggraaf, J., Frölich, M., Schoemaker, R. C., Meinders, A. E. (1998). «Circadian rhythm of plasma leptin levels in upper and lower body obese women: influence of body fat distribution and weight loss.» *The Journal of Clinical Endocrinology and Metabolism*, 83(5), 1706-1712.

Montecucco, F., & Mach, F. (2009). «Update on therapeutic strategies to increase adiponectin function and secretion in metabolic syndrome.» *Diabetes, Obesity & Metabolism*, 11(5), 445-454.

Sánchez García, A. (2016) «Cenar hidratos de carbono, ¿engorda o no?» Eroski Consumer. <http://www.consumer.es/web/es/ali mentacion/aprender_a_comer_bien/2016/06/01/223818.php>.

Sofer, S., Eliraz, A., Kaplan, S., Voet, H., Fink, G., Kima, T., & Madar, Z. (2011). «Greater weight loss and hormonal changes after 6 months diet with carbohydrates eaten mostly at dinner.» *Obesity (Silver Spring, Md.)*, *19*(10), 2006-2014.

Zhang, K., Sun, M., Werner, P., Kovera, A. J., Albu, J., Pi-Sunyer, F. X., & Boozer, C. N. (2002). «Sleeping metabolic rate in relation to body mass index and body composition.» *International Journal of Obesity and Related Metabolic Disorders: Journal of the International Association for the Study of Obesity*, *26*(3), 376-383.

MITO 8: «DEBEMOS COMER CINCO VECES AL DÍA»

Hartline-Grafton, H. L., Rose, D., Johnson, C. C., Rice, J. C., & Webber, L. S. (2010). «The Influence of Weekday Eating Patterns on Energy Intake and BMI Among Female Elementary School Personnel.» *Obesity*, *18*(4), 736-742.

Kong, A., Beresford, S. A. A., Alfano, C. M., Foster-Schubert, K. E., Neuhouser, M. L., Johnson, D. B., McTiernan, A. (2011). «Associations between snacking and weight loss and nutrient intake among postmenopausal overweight-to-obese women in a dietary weight loss intervention.» *Journal of the American Dietetic Association*, *111*(12), 1898-1903.

Lloyd-Williams, F., Mwatsama, M., Ireland, R., & Capewell, S. (2009). «Small changes in snacking behaviour: the potential impact on CVD mortality.» *Public Health Nutr*, *12*.

Murakami, K., & Livingstone, M. B. E. (2016). «Decreasing the number of small eating occasions (<15 % of total energy intake) regardless of the time of day may be important to improve diet quality but not adiposity: a cross-sectional study in British children and adolescents.» *The British Journal of Nutrition*, *115*(2), 332-341.

Myhre, J. B., Løken, E. B., Wandel, M., & Andersen, L. F. (2015). «The contribution of snacks to dietary intake and their association with eating location among Norwegian adults – results from a cross-sectional dietary survey.» *BMC Public Health*, *15*(1), 1-9.

Piernas, C., & Popkin, B. M. (2010). «Snacking increased among U.S. adults between 1977 and 2006.» *J Nutr, 140.*

Schoenfeld, B. J., Aragon, A. A., & Krieger, J. W. (2015). «Effects of meal frequency on weight loss and body composition: a meta-analysis.» *Nutrition Reviews, 73*(2), 69-82.

Sofer, S., Stark, A. H., & Madar, Z. (2015). «Nutrition Targeting by Food Timing: Time-Related Dietary Approaches to Combat Obesity and Metabolic Syndrome1234.» *Advances in Nutrition, 6*(2), 214-223.

MITO 9: «CUIDADO CON EL COLESTEROL»

Benatar, J. R., Sidhu, K., & Stewart, R. A. H. (2013). «Effects of High and Low Fat Dairy Food on Cardio-Metabolic Risk Factors: A Meta-Analysis of Randomized Studies.» *PLoS ONE, 8*(10).

Betteridge, D. J., & Carmena, R. (2016). «The diabetogenic action of statins - mechanisms and clinical implications.» *Nature Reviews. Endocrinology, 12*(2), 99-110.

Blesso, C. N., Andersen, C. J., Barona, J., Volek, J. S., & Fernandez, M. L. (2013). «Whole egg consumption improves lipoprotein profiles and insulin sensitivity to a greater extent than yolk-free egg substitute in individuals with metabolic syndrome.» *Metabolism: Clinical and Experimental, 62*(3), 400-410.

Bordallo, A. (2012) «El fraude del colesterol y otros consejos médicos peligrosos para la salud.» Muscleblog. <http://www.muscleblog.es/2012/03/el-fraude-del-colesterol-y-otros-consejos-medicos-peligrosos-para-la-salud/>.

Jiménez, L. (2012) «Especial colesterol II y aterosclerosis.» Lo que dice la ciencia para adelgazar. <http://loquedicelacienciapara delgazar.blogspot.com.es/2012/09/especial-colesterol-ii-ate rosclerosis-y.html>.

Klangjareonchai, T., Putadechakum, S., Sritara, P., Roongpisuthipong, C., Klangjareonchai, T., Putadechakum, S., ... Roongpisuthipong, C. (2012). «The Effect of Egg Consumption in Hyperlipidemic Subjects during Treatment with Lipid-Lowering Drugs, The Effect of Egg Consumption in Hyperlipidemic Subjects during Treatment with Lipid-Lowering Drugs.» *Journal of Lipids, Journal of Lipids*, 2012, 2012, e672720.

Malave, H., Castro, M., Burkle, J., Voros, S., Dayspring, T., Honigberg, R., & Pourfarzib, R. (2012). «Evaluation of low-density lipoprotein particle number distribution in patients with type 2 diabetes mellitus with low-density lipoprotein cholesterol.» *The American Journal of Cardiology, 110*(5), 662-665.

Park, Z. H., Juska, A., Dyakov, D., & Patel, R. V. (2014). «Statin-associated incident diabetes: a literature review.» *The Consultant Pharmacist: The Journal of the American Society of Consultant Pharmacists, 29*(5), 317-334.

Ramsden, C. E., Zamora, D., Majchrzak-Hong, S., Faurot, K. R., Broste, S. K., Frantz, R. P., Hibbeln, J. R. (2016). «Re-evaluation of the traditional diet-heart hypothesis: analysis of recovered data from Minnesota Coronary Experiment (1968-73).» *BMJ, 353*, i1246.

Redberg RF. (2014). «Statins and weight gain.» *JAMA Internal Medicine, 174*(7), 1046-1046.

Sánchez García, A. (2014) «Diga colesteLOL no colesterol, nos hemos equivocado» Mi Dieta Cojea. <https://midietacojea.com/2014/10/31/diga-colestelol-no-colesterol-nos-hemos-equivocado/>.

Schneider, R. H., Grim, C. E., Rainforth, M. V., Kotchen, T., Nidich, S. I., Gaylord-King, C., Alexander, C. N. (2012). «Stress Reduction in the Secondary Prevention of Cardiovascular Disease Randomized, Controlled Trial of Transcendental Meditation and Health Education in Blacks.» *Circulation: Cardiovascular Quality and Outcomes, 5*(6), 750-758.

Spence, J. D., Jenkins, D. J., & Davignon, J. (2010). «Dietary cholesterol and egg yolks: Not for patients at risk of vascular disease.» *The Canadian Journal of Cardiology, 26*(9), e336-e339.

Sugiyama, T., Tsugawa, Y., Tseng, C.-H., Kobayashi, Y., & Shapiro, M. F. (2014a). «Different time trends of caloric and fat intake between statin users and nonusers among US adults: gluttony in the time of statins?» *JAMA Internal Medicine*, *174*(7), 1038-1045.

Sugiyama, T., Tsugawa, Y., Tseng, C.-H., Kobayashi, Y., & Shapiro, M. F. (2014b). «Different Time Trends of Caloric and Fat Intake Between Statin Users and Nonusers Among US Adults: Gluttony in the Time of Statins?» *JAMA Internal Medicine*, *174*(7), 1038.

Williams, P. T. (2008). «Reduced diabetic, hypertensive, and cholesterol medication use with walking.» *Medicine and Science in Sports and Exercise*, *40*(3), 433-443.

Mito 10: Tan sencillo como comprar pan integral

Chanson-Rolle, A., Meynier, A., Aubin, F., Lappi, J., Poutanen, K., Vinoy, S., & Braesco, V. (2015). «Systematic Review and Meta-Analysis of Human Studies to Support a Quantitative Recommendation for Whole Grain Intake in Relation to Type 2 Diabetes.» *PloS One*, *10*(6), e0131377.

Garcés, S. (2015) «Panes integrales, ¿cómo reconocer un pan integral de verdad?» <https://laopiniondesara.wordpress.com/2015/03/21/panes-integrales-como-reconocer-un-pan-integral-de-verdad/>.

Martínez, L. (2014) «Leer el etiquetado: Rico en fibra no es integral». Dime qué comes. <http://www.dimequecomes.com/2014/05/leer-el-etiquetado-rico-en-fibra-no-es.html>.

Ruiz, E., Ávila, J. M., Valero, T., Del Pozo, S., Rodriguez, P., Aranceta-Bartrina, J., Varela-Moreiras, G. (2016). «Macronutrient Distribution and Dietary Sources in the Spanish Population: Findings from the ANIBES Study.» *Nutrients*, *8*(3), 177.

Sánchez García, A. (2014) «Consejos para reconocer un alimento integral de verdad.» Eroski consumer. <http://www.consumer.es/web/es/alimentacion/aprender_a_comer_bien/2016/04/14/223603.php>.

Sánchez García, A. (2014) «Pan de 99 Calorías. ¿Es mejor que el resto.» Mi dieta cojea. <https://midietacojea.com/2014/06/25/pan-de-99-calorias-es-mejor-que-el-resto/>.

Seal, C. J., & Brownlee, I. A. (2015). «Whole-grain foods and chronic disease: evidence from epidemiological and intervention studies.» *The Proceedings of the Nutrition Society, 74*(3), 313-319.

Xi, P., & Liu, R. H. (2016). «Whole food approach for type 2 diabetes prevention.» *Molecular Nutrition & Food Research.*

Zong, G., Gao, A., Hu, F. B., & Sun, Q. (2016). «Whole Grain Intake and Mortality From All Causes, Cardiovascular Disease, and CancerCLINICAL PERSPECTIVE.» *Circulation, 133*(24), 2370-2380.

Mito 11: «Es necesario tomar leche»

Aune, D., Chan, D. S. M., Vieira, A. R., Navarro Rosenblatt, D. A., Vieira, R., Greenwood, D. C., Norat, T. (2013). «Red and processed meat intake and risk of colorectal adenomas: a systematic review and meta-analysis of epidemiological studies.» *Cancer Causes & Control: CCC, 24*(4), 611-627.

Aune, D., Norat, T., Romundstad, P., & Vatten, L. J. (2013). «Dairy products and the risk of type 2 diabetes: a systematic review and dose-response meta-analysis of cohort studies.» *The American Journal of Clinical Nutrition, 98*(4), 1066-1083.

Aune, D., Rosenblatt, D. A. N., Chan, D. S., Vieira, A. R., Vieira, R., Greenwood, D. C., Norat, T. (2015). «Dairy products, calcium, and prostate cancer risk: a systematic review and meta-analysis of cohort studies.» *The American Journal of Clinical Nutrition*, ajcn.067157.

Benatar, J. R., Sidhu, K., & Stewart, R. A. H. (2013). «Effects of High and Low Fat Dairy Food on Cardio-Metabolic Risk Factors: A Meta-Analysis of Randomized Studies.» *PLoS ONE, 8*(10).

Chan, D. S. M., Lau, R., Aune, D., Vieira, R., Greenwood, D. C.,

Kampman, E., & Norat, T. (2011). «Red and processed meat and colorectal cancer incidence: meta-analysis of prospective studies.» *PloS One*, *6*(6), e20456.

Chao, A., Thun, M. J., Connell, C. J., McCullough, M. L., Jacobs, E. J., Flanders, W. D., Calle, E. E. (2005). «Meat consumption and risk of colorectal cancer.» *JAMA*, *293*(2), 172-182.

Dong, J.-Y., Zhang, L., He, K., & Qin, L.-Q. (2011). «Dairy consumption and risk of breast cancer: a meta-analysis of prospective cohort studies.» *Breast Cancer Research and Treatment*, *127*(1), 23-31.

Gao, D., Ning, N., Wang, C., Wang, Y., Li, Q., Meng, Z., Li, Q. (2013). «Dairy products consumption and risk of type 2 diabetes: systematic review and dose-response meta-analysis.» *PloS One*, *8*(9), e73965.

Genkinger, J. M., Wang, M., Li, R., Albanes, D., Anderson, K. E., Bernstein, L., Smith-Warner, S. A. (2014). «Dairy products and pancreatic cancer risk: a pooled analysis of 14 cohort studies.» *Annals of Oncology: Official Journal of the European Society for Medical Oncology / ESMO*, *25*(6), 1106-1115.

Jiménez, L. (2013) «¿Son la leche y los lácteos saludables?» Lo que dice la ciencia para adelgazar. <http://loquedicelacienciapara delgazar.blogspot.com.es/2013/01/son-la-leche-y-los-lacteos-saludables.html>.

Lampe, J. W. (2011). «Dairy products and cancer.» *Journal of the American College of Nutrition*, *30*(5 Suppl 1), 464S-70S.

Pierre, F., Santarelli, R., Taché, S., Guéraud, F., & Corpet, D. E. (2008). «Beef meat promotion of dimethylhydrazine-induced colorectal carcinogenesis biomarkers is suppressed by dietary calcium.» *The British Journal of Nutrition*, *99*(5), 1000-1006.

Santarelli, R. L., Pierre, F., & Corpet, D. E. (2008). «Processed meat and colorectal cancer: a review of epidemiologic and experimental evidence.» *Nutrition and Cancer*, *60*(2), 131-144.

MITO 12: «LA CARNE PROVOCA CÁNCER»

American Cancer Society (2015) «World Health Organization Says Processed Meat Causes Cancer.» <http://www.cancer.org/cancer/news/world-health-organization-says-processed-meat-causes-cancer>.

Béjar, L., Gili, M., Díaz, V., Ramírez, G., López, J., Cabanillas, J. L., & Cayuela, A. (2009). «Incidence and mortality by colorectal cancer in Spain during 1951-2006 and its relationship with behavioural factors.» *European Journal of Cancer Prevention: The Official Journal of the European Cancer Prevention Organisation (ECP), 18*(6), 436-444.

Cancer Research UK (2015) «Processed meat and cancer. What you need to know.» <http://scienceblog.cancerresearchuk.org/2015/10/26/processed-meat-and-cancer-what-you-need-to-know/>.

Carr, P. R., Walter, V., Brenner, H., & Hoffmeister, M. (2016). «Meat subtypes and their association with colorectal cancer: Systematic review and meta-analysis.» *International Journal of Cancer, 138*(2), 293-302.

Haggar, F. A., & Boushey, R. P. (2009). «Colorectal Cancer Epidemiology: Incidence, Mortality, Survival, and Risk Factors.» *Clinics in Colon and Rectal Surgery, 22*(4), 191-197.

International Agency for Research on Cancer (2015). IARC. «Monographs evaluate consumption of red meat and processed meat. World Health Organization.» Press release 240. <http://www.iarc.fr/en/media-centre/pr/2015/pdfs/pr240_E.pdf>.

Norat, T., Bingham, S., Ferrari, P., Slimani, N., Jenab, M., Mazuir, M., Riboli, E. (2005). «Meat, fish, and colorectal cancer risk: the European Prospective Investigation into cancer and nutrition.» *Journal of the National Cancer Institute, 97*(12), 906-916.

Pan, A., Sun, Q., Bernstein, A. M., Schulze, M. B., Manson, J. E., Stampfer, M. J., Hu, F. B. (2012). «Red meat consumption and mortality: results from 2 prospective cohort studies.» *Archives of Internal Medicine, 172*(7), 555-563.

Mito 13: «No es seguro llevar una dieta vegetariana»

Chan, J., Jaceldo-Siegl, K., & Fraser, G. E. (2009). «Serum 25-hydroxyvitamin D status of vegetarians, partial vegetarians, and nonvegetarians: the Adventist Health Study-2.» *The American Journal of Clinical Nutrition, 89*(5), 1686S-1692S.
Cook, J. D. (1990). «Adaptation in iron metabolism.» *The American Journal of Clinical Nutrition, 51*(2), 301-308.
Harris, W. S. (2014). «Achieving optimal n-3 fatty acid status: the vegetarian's challenge... or not.» *The American Journal of Clinical Nutrition, 100 Suppl 1*, 449S-52S.
Martínez, L. (2016) *Vegetarianos con ciencia.* Col. ArcoPress, Ed. Almuzara, Córdoba.
McDougall, C., & McDougall, J. (2013). «Plant-Based Diets Are Not Nutritionally Deficient.» *The Permanente Journal, 17*(4), 93.
McEvoy, C. T., Temple, N., & Woodside, J. V. (2012). «Vegetarian diets, low-meat diets and health: a review.» *Public Health Nutrition, 15*(12), 2287-2294.
Sanders, T. A. B. (2009). «DHA status of vegetarians.» *Prostaglandins, Leukotrienes, and Essential Fatty Acids, 81*(2-3), 137-141.
Saunders, A. V., Craig, W. J., Baines, S. K., & Posen, J. S. (2013). «Iron and vegetarian diets.» *The Medical Journal of Australia, 199*(4 Suppl), S11-16.

Mito 14: «Hay que comer más productos naturales»

European Union. «Regulation 1924/2006 of the European Parlament And the Council on Nutrition and Helth Claims made on foods.»

MITO 15: «EL AZÚCAR ES NECESARIO»

Appelhans, B. M., Bleil, M. E., Waring, M. E., Schneider, K. L., Nackers, L. M., Busch, A. M., Pagoto, S. L. (2013). «Beverages contribute extra calories to meals and daily energy intake in overweight and obese women.» *Physiology & Behavior, 122,* 129-133.

Bergmann, M. M., Rehm, J., Klipstein-Grobusch, K., Boeing, H., Schütze, M., Drogan, D., Ferrari, P. (2013). «The association of pattern of lifetime alcohol use and cause of death in the European prospective investigation into cancer and nutrition (EPIC) study.» *International Journal of Epidemiology, 42*(6), 1772-1790.

Bes-Rastrollo, M., Schulze, M. B., Ruiz-Canela, M., & Martinez-Gonzalez, M. A. (2013). «Financial Conflicts of Interest and Reporting Bias Regarding the Association between Sugar-Sweetened Beverages and Weight Gain: A Systematic Review of Systematic Reviews.» *PLOS Med, 10*(12), e1001578.

Bray, G. A., & Popkin, B. M. (2014). «Dietary sugar and body weight: have we reached a crisis in the epidemic of obesity and diabetes?: health be damned! Pour on the sugar.» *Diabetes Care, 37*(4), 950-956.

Francey, N., & Chapman, S. (2000). «"Operation Berkshire": the international tobacco companies' conspiracy.» *BMJ : British Medical Journal, 321*(7257), 371-374.

Greenwood, D. C., Threapleton, D. E., Evans, C. E. L., Cleghorn, C. L., Nykjaer, C., Woodhead, C., & Burley, V. J. (2014). «Association between sugar-sweetened and artificially sweetened soft drinks and type 2 diabetes: systematic review and dose-response meta-analysis of prospective studies.» *The British Journal of Nutrition, 112*(5), 725-734.

Hu, F. B. (2013). «Resolved: there is sufficient scientific evidence that decreasing sugar-sweetened beverage consumption will reduce the prevalence of obesity and obesity-related diseases.» *Obesity Reviews: An Official Journal of the International Association for the Study of Obesity, 14*(8), 606-619.

Kearns, C. E., Glantz, S. A., & Schmidt, L. A. (2015). «Sugar Industry

Influence on the Scientific Agenda of the National Institute of Dental Research's 1971 National Caries Program: A Historical Analysis of Internal Documents.» *PLOS Med*, *12*(3), e1001798.

Malik, V. S., Pan, A., Willett, W. C., & Hu, F. B. (2013). «Sugar-sweetened beverages and weight gain in children and adults: a systematic review and meta-analysis.» *The American Journal of Clinical Nutrition*, *98*(4), 1084-1102.

Malik, V. S., Schulze, M. B., & Hu, F. B. (2006). «Intake of sugar-sweetened beverages and weight gain: a systematic review.» *The American Journal of Clinical Nutrition*, *84*(2), 274-288.

Nissensohn, M., Sánchez-Villegas, A., Ortega, R. M., Aranceta-Bartrina, J., Gil, Á., González-Gross, M., Serra-Majem, L. (2016). «Beverage Consumption Habits and Association with Total Water and Energy Intakes in the Spanish Population: Findings of the ANIBES Study.» *Nutrients*, *8*(4).

Sánchez García, A. (2015) «Mentiras científicas del azúcar: El negocio millonario de ocultar sus efectos a la población». Mi dieta cojea. <https://midietacojea.com/2015/03/20/mentiras-cientifi cas-del-azucar-el-negocio-millonario-de-ocultar-sus-efectos-a-la-poblacion/>.

Schulze, M. B., Manson, J. E., Ludwig, D. S., Colditz, G. A., Stampfer, M. J., Willett, W. C., & Hu, F. B. (2004). «Sugar-sweetened beverages, weight gain, and incidence of type 2 diabetes in young and middle-aged women.» *JAMA*, *292*(8), 927-934.

Te Morenga, L., Mallard, S., & Mann, J. (2013). «Dietary sugars and body weight: systematic review and meta-analyses of randomised controlled trials and cohort studies.» *BMJ* (Clinical Research Ed.), *346*, e7492.

Watowicz, R. P., Anderson, S. E., Kaye, G. L., & Taylor, C. A. (2015). «Energy Contribution of Beverages in US Children by Age, Weight, and Consumer Status.» *Childhood Obesity (Print)*, *11*(4), 475-483.

MITO 16: «TOMAR UN POCO DE ALCOHOL
ES BUENO PARA EL CORAZÓN»

Barbour, V., Clark, J., Jones, S., Norton, M., & Veitch, E. (2011). «Let's be straight up about the alcohol industry.» *PLoS Medicine*, *8*(5), e1001041.

Basulto, J. (2014). «Cuanto menos alcohol, mejor. Cuanto más, peor. Y no hablo del orujo. Comer o no comer.» <http://comeronocomer.es/la-carta/cuanto-menos-alcohol-mejor-cuanto-mas-peor-y-no-hablo-del-orujo>.

Chikritzhs, T. N., Naimi, T. S., Stockwell, T. R., & Liang, W. (2015). «Mendelian randomisation meta-analysis sheds doubt on protective associations between «moderate» alcohol consumption and coronary heart disease.» *Evidence-Based Medicine*, *20*(1), 38.

Criqui, M. H., & Ringel, B. L. (1994). «Does diet or alcohol explain the French paradox?» *Lancet (London, England)*, *344*(8939-8940), 1719-1723.

Ferrières, J. (2004). «The French paradox: lessons for other countries.» *Heart*, *90*(1), 107-111.

Holmes, M. V., Dale, C. E., Zuccolo, L., Silverwood, R. J., Guo, Y., Ye, Z., InterAct Consortium. (2014). «Association between alcohol and cardiovascular disease: Mendelian randomisation analysis based on individual participant data.» *BMJ* (Clinical Research Ed.), *349*, g4164.

Naimi, T., Xuan, Z., & Saitz, R. (2013). «Immoderately confounding: the effects of low-dose alcohol.» *Addiction*, *108*(9), 1552-1553.

Nutt, D. J., & Rehm, J. (2014). «Doing it by numbers: A simple approach to reducing the harms of alcohol.» *Journal of Psychopharmacology*, *28*(1), 3-7.

Revenga, J. (2015). «El consumo de alcohol es injustificable desde el punto de vista médico.» El nutricionista de la general. <http://juanrevenga.com/2015/09/el-consumo-de-alcohol-es-injustificable-desde-el-punto-de-vista-medico/>.

Sánchez García, A. (2012) «Hemos recomendado el alcohol por encima de nuestras posibilidades.» Mi dieta cojea. <https://mi dietacojea.com/2012/09/20/hemos-recomendado-alcohol-por-encima-de-nuestras-posibilidades/>.

Mito 17: «La obesidad es cosa de ricos»

McLaren, L. (2007). «Socioeconomic status and obesity.» *Epidemiologic Reviews, 29*, 29-48.

Van Hook, J., & Balistreri, K. S. (2007). «Immigrant generation, socioeconomic status, and economic development of countries of origin: a longitudinal study of body mass index among children.» *Social Science & Medicine (1982), 65*(5), 976-989.

Mito 18: «Los alimentos funcionales mejoran nuestra salud»

Dean, M., Lähteenmäki, L., & Shepherd, R. (2011). «Nutrition communication: consumer perceptions and predicting intentions.» *The Proceedings of the Nutrition Society, 70*(1), 19-25.

European Union. «Regulation 1924/2006 of the European Parlament And the Council on Nutrition and Helth Claims made on foods.»

López Nicolás, J. M. (2016). *Vamos a comprar mentiras.* Ed. Cálamo. Palencia.

Sánchez García, A. (2014). «When the labels not always tell the truth. Nutritional labelling.» *Medicinska Foreningen*, abril de 2014.

Van Buul, V. J., & Brouns, F. J. P. H. (2015). «Nutrition and health claims as marketing tools.» *Critical Reviews in Food Science and Nutrition, 55*(11), 1552-1560.

Wills, J. M., Storcksdieck genannt Bonsmann, S., Kolka, M., & Grunert, K. G. (2012). «European consumers and health claims: attitudes, understanding and purchasing behaviour.» *The Proceedings of the Nutrition Society, 71*(2), 229-236.

MITO 19: ADITIVOS SEGUROS, ADITIVOS INOCUOS

Francl, M. (2013). «How to counteract chemophobia.» *Nature Chemistry*, *5*(6), 439-440.

García Bello, D. (2016). *Todo es cuestión de química*. Ed. Paidós. Barcelona.

Hartings, M. R., & Fahy, D. (2011). «Communicating chemistry for public engagement.» *Nature Chemistry*, *3*(9), 674-677.

Herrmann, S. S., Duedahl-Olesen, L., Christensen, T., Olesen, P. T., & Granby, K. (2015). «Dietary exposure to volatile and non-volatile N-nitrosamines from processed meat products in Denmark.» *Food and Chemical Toxicology: An International Journal Published for the British Industrial Biological Research Association*, *80*, 137-143.

Mennella, J. A., Bobowski, N. K., & Reed, D. R. (2016). «The development of sweet taste: From biology to hedonics.» *Reviews in Endocrine & Metabolic Disorders*.

Mulet, J. M. (2014). *Comer sin miedo*. Ed. Destino. Barcelona.

Sánchez García, A. (2015). «De la quimiofobia a la naturafobia en alimentación.» Mi dieta cojea. <https://midietacojea.com/2015/10/21/de-la-quimiofobia-a-la-naturofobia-en-alimentacion/>.

Sharma, A., Amarnath, S., Thulasimani, M., & Ramaswamy, S. (2016). «Artificial sweeteners as a sugar substitute: Are they really safe?» *Indian Journal of Pharmacology*, *48*(3), 237-240.

Simpson, W. M., & Brock, C. D. (2003). «Chemophobia, family medicine, and the doctor-patient relationship.» *Journal of Agromedicine*, *9*(1), 7-16.

Suez, J., Korem, T., Zeevi, D., Zilberman-Schapira, G., Thaiss, C. A., Maza, O., Elinav, E. (2014).

Suez, J. (2014). «Artificial sweeteners induce glucose intolerance by altering the gut microbiota.» *Nature*, *514*(7521), 181-186.

OTROS RECURSOS INTERESANTES A CONSULTAR

Blogs sobre Nutrición y Dietética:

Mi dieta cojea
Dime qué comes
Julio Basulto
El nutricionista de la general
Lo que dice la ciencia para adelgazar
Como Cuando Como
Perdiendo masa
Palmeras de fruta
NutriSfera
24 zanahorias
La opinión de Sara
Norte Salud Blog
Dietética sin patrocinadores
Comer o no comer
NutriKids
Nutrición a las 6
A la teua Salut!

Blogs que también hablan de ciencia, alimentación o cocina:

Gominolas de petróleo
Tomates con genes
Scientia
DimetilSulfuro
La ciencia de Amara
MuscleBlog
Boticaria García
Fitness Revolucionario
Creativegan
El comidista

Vale la pena seguir su trabajo de divulgación en las redes sociales sobre nutrición y dietética:

Walter Suárez
Eduard Baladía
Bárbara Sánchez
Dietista Enfurecida
Carlos Ríos
Pablo Zumaquero
Sergio Espinar
Paloma Quintana
Rubén Murcia
Laura Saavedra
Eva García
Marc Casañas
Raquel Bernácer
Antonio Jesús Sánchez Oliver
Bittor Rodríguez
Júlia Farré
Anabel Fernández
Lidia Folgar
Mireia Gimeno
Jesús Sanchís
Lucía Redondo
NutriScience
Maelán Fontes
Daniel Hernández
David de Lorenzo
Óscar Picazo
Tata Glucosa
Nutrición Rebeca
Joan Carles Montero
Carlos Casabona
José Miguel Martínez
NutriNenes

Este libro se imprimió en
Huertas Industrias Gráficas, S. A.
Fuenlabrada (Madrid)